Criptoativos
e Blockchain
Tecnologia e regulação

O GEN | Grupo Editorial Nacional – maior plataforma editorial brasileira no segmento científico, técnico e profissional – publica conteúdos nas áreas de concursos, ciências jurídicas, humanas, exatas, da saúde e sociais aplicadas, além de prover serviços direcionados à educação continuada.

As editoras que integram o GEN, das mais respeitadas no mercado editorial, construíram catálogos inigualáveis, com obras decisivas para a formação acadêmica e o aperfeiçoamento de várias gerações de profissionais e estudantes, tendo se tornado sinônimo de qualidade e seriedade.

A missão do GEN e dos núcleos de conteúdo que o compõem é prover a melhor informação científica e distribuí-la de maneira flexível e conveniente, a preços justos, gerando benefícios e servindo a autores, docentes, livreiros, funcionários, colaboradores e acionistas.

Nosso comportamento ético incondicional e nossa responsabilidade social e ambiental são reforçados pela natureza educacional de nossa atividade e dão sustentabilidade ao crescimento contínuo e à rentabilidade do grupo.

EMÍLIA MALGUEIRO **CAMPOS**

Criptoativos e Blockchain
Tecnologia e regulação

Atualizado com a Lei 14.478/2022 (Lei das Criptomoedas)

- A autora deste livro e a editora empenharam seus melhores esforços para assegurar que as informações e os procedimentos apresentados no texto estejam em acordo com os padrões aceitos à época da publicação, e todos os dados foram atualizados pela autora até a data de fechamento do livro. Entretanto, tendo em conta a evolução das ciências, as atualizações legislativas, as mudanças regulamentares governamentais e o constante fluxo de novas informações sobre os temas que constam do livro, recomendamos enfaticamente que os leitores consultem sempre outras fontes fidedignas, de modo a se certificarem de que as informações contidas no texto estão corretas e de que não houve alterações nas recomendações ou na legislação regulamentadora.

- Fechamento desta edição: *14.02.2023*

- A autora e a editora se empenharam para citar adequadamente e dar o devido crédito a todos os detentores de direitos autorais de qualquer material utilizado neste livro, dispondo-se a possíveis acertos posteriores caso, inadvertida e involuntariamente, a identificação de algum deles tenha sido omitida.

- **Atendimento ao cliente: (11) 5080-0751 | faleconosco@grupogen.com.br**

- Direitos exclusivos para a língua portuguesa
  Copyright © 2023 by
  Editora Forense Ltda.
  Uma editora integrante do GEN | Grupo Editorial Nacional
  Travessa do Ouvidor, 11 – Térreo e 6º andar
  Rio de Janeiro – RJ – 20040-040
  www.grupogen.com.br

- Reservados todos os direitos. É proibida a duplicação ou reprodução deste volume, no todo ou em parte, em quaisquer formas ou por quaisquer meios (eletrônico, mecânico, gravação, fotocópia, distribuição pela Internet ou outros), sem permissão, por escrito, da Editora Forense Ltda.

- Capa: Fabricio Vale

- **CIP – BRASIL. CATALOGAÇÃO NA FONTE.**
  SINDICATO NACIONAL DOS EDITORES DE LIVROS, RJ.

C211c
Campos, Emília Malgueiro

Criptoativos e blockchain: tecnologia e regulamentação / Emília Malgueiro Campos. – 1. ed. – Rio de Janeiro: Forense, 2023.

Inclui bibliografia e índice
ISBN 978-65-5964-792-7

Direito digital. 2. Blockchains (Base de dados). 3. Transferência eletrônica de fundos. 4. Moeda – Legislação. 5. Moeda – Inovações tecnológicas.
I. Título

23-82525 CDU: 341.121:004.738

Gabriela Faray Ferreira Lopes – Bibliotecária – CRB-7/6643

Prefácio

Foram necessários dois encontros para a obsessão tomar conta por completo. No primeiro, se não me engano, o *Bitcoin* estava cotado a USD 0,19. Achei curiosa a ideia, tomei uma nota mental de prioridade baixa e segui no caminho. Muito tempo depois, já numa cotação na casa dos USD 250, eu vi uma apresentação do Ethereum prometendo a computação distribuída. Nesse momento começou essa obsessão. Com o tempo ela foi ganhando forma, um certo contorno, e agora, centrada no poder do conceito do *Bitcoin*.

Eu fui absorvido por um dos desafios intelectuais mais envolventes que encontrei. Um desafio que desenhei na minha cabeça como fatias de um octógono; cada uma com suas características intelectuais próprias, mas interligadas em um conceito único e elegante:

- O componente técnico trazia a questão da resolução do problema de *double spend* (gasto duplo) ou, para os mais românticos, o problema dos generais bizantinos. Um problema há décadas consumindo as melhores mentes da ciência da computação;

- Pela perspectiva de comportamento humano e até de teoria dos jogos, temos a questão da criação da confiança distribuída, os desenhos de modelos de incentivos para os agentes da rede e com a capacidade de se autobalancear no tempo com combinações evolutivas entre emissão de moeda e de taxas, alinhamento de interesses de *stakeholders* variados e aspectos derivados, como o tratamento de chaves privadas;

- No campo das finanças, tínhamos o nascimento de unidades de valor autônomas ("pepitas de ouro digitais"), transferíveis em ambiente P2P, a busca contínua de *price discovery* e de *utility* (uso prático na vida real), valor da rede e toda a frente derivada do *trading*;

- Já no campo econômico, passamos a debater a definição e o conceito de dinheiro e ativos, e a processar algo inteiramente novo: política monetária programada no código em um modelo deflacionário e com escassez embutida;

- Em outra frente, de desenho de modelos organizacionais, observamos e discutimos organizações distribuídas e os *trade-offs* que vinham com o ganho de gestão democratizada, porém mais lenta e incerta;

- Estas, por sua vez, abriram um debate de modelos de governança e as implicações para modelos de decisão e de execução, também até então desconhecidos;

- Como se já não bastasse, no campo regulatório explodiram os debates a respeito dos contornos formais de um ativo, a lei de contratos, agora expressos também em código e embutidos na rede e na sua evolução contínua, os riscos do anonimato associado às transações, entrelaçados ao paradoxo de rastreabilidade absoluta dos fluxos econômicos digitais na rede. Podemos ainda listar a discussão de responsabilidade fiduciária e a função "protetora" de reguladores e os elementos associados à proteção de dados.

Esses sete elementos listados já configuram uma enxurrada de inovação, ainda que dentro de domínios específicos. O *Bitcoin* nos força também a considerar inovações "puras": a reconfiguração de redes de valor, a obsolescência de modelos mentais, ou, no mínimo, modelos mentais capazes de reconciliar designs híbridos, com graus de centralização e todos os impactos derivados. E o perene desafio de reagir ou liderar mudanças de escala estrutural.

É incrível considerar que grande parte desses temas ainda seja foco de debates, e, entretanto, criptoativos já são uma inovação financeira sem precedentes, com potencial de mudar a forma como as pessoas pensam o dinheiro e as transações financeiras.

Importante salientar que, enquanto muitos, erroneamente, julgam ser apenas o "blockchain" a mais importante tecnologia subjacente aos criptoativos, na realidade, podemos obter um entendimento do alicerce tecnológico mais preciso e útil conhecendo as quatro tecnologias que, juntas, permitem a sua existência: Criptografia, Rede *Peer-to-Peer*, *Blockchain* e *Proof-of-Work*.

Essa base tecnológica viabiliza transações financeiras seguras e descentralizadas, sem a necessidade de intermediários confiáveis. Isso significa que os usuários têm mais controle sobre seus ativos financeiros e podem realizar transações sem depender de bancos ou outros intermediários.

Esse entendimento permitirá uma apreciação da importância de termos que a Emília aprofunda no livro e que são absolutamente críticos para que o leitor possa focar em aspectos determinantes para uma adequada compreensão do tema:

Os mecanismos de consenso: depois do nascimento do *Proof-of-Work*, houve uma enxurrada de sucessores e alternativas. Um erro de design nesse elemento estabelece uma falha irremediável na rede e em todos os ativos emitidos nela. Grau de centralização associada a rede que emite um ativo – importante entender que não há, necessariamente, uma resposta certa ou errada aqui. Para redes que necessitam de absoluta autonomia e imutabilidade, é fundamental considerar um design totalmente distribuído. Já naquelas com necessidade de considerar reguladores e proteção, pode-se sacrificar a descentralização de um design por outro com características cartoriais. Outras variáveis que afetam esse princípio de configuração são eficiência energética, escalabilidade técnica e velocidade de processamento.

O debate sobre o design de criptoativos mais ou menos descentralizados é uma questão complexa e controvertida na comunidade de criptomoedas. Aqueles que defendem a descentralização argumentam que ela é importante para garantir a privacidade, a segurança e a resistência a interferências externas. Argumenta-se que os intermediários, como as instituições financeiras tradicionais, têm papel limitado em um mercado financeiro com alta proliferação de criptoativos.

Por outro lado, há aqueles que argumentam que a descentralização é menos importante do que a escalabilidade, a segurança e a facilidade de uso dos criptoativos. Argumenta-se que os intermediários desempenham um papel importante em garantir a segurança e a eficiência dos mercados financeiros, especialmente em relação à regulamentação e à proteção dos investidores.

No geral, o debate sobre o design de criptoativos descentralizados *versus* centralizados é uma questão que ainda está em curso, e a evolução da tecnologia pode influenciar a posição de diferentes atores no mercado financeiro. Além disso, a regulamentação e a fiscalização também desempenham um papel importante na forma como o mercado financeiro se desenvolve e como os intermediários atuam nele.

A definição de um criptoativo: Temos uma moeda? Com aceitação líquida, reserva de valor e outros atributos técnicos de uma moeda? Trata-se de uma classe de ativos nova? Ainda que muitos argumentem que sim, e em casos de *token* sem representação de um ativo "espelho" no mundo físico até podemos considerar que sim, temos que considerar que um *token* em particular deve ser classificado na mesma classe de ativos que está representando digitalmente; por exemplo: uma saca de arroz, uma fração de um negócio ou um título de crédito.

Todos esses desafios intelectuais e o potencial de impacto disruptivo estavam totalmente presentes no dia em que tive uma conversa com uma querida amiga para a qual despejei todos esses temas com um certo excesso de entusiasmo. Qual não foi a minha alegria ao saber que ela não apenas embarcou na empolgação, mas também se tornou uma das principais mentes no País.

Portanto, ninguém melhor para assumir a missão de produzir um livro ambicioso como este. Uma obra que oferece uma cobertura completa desse fascinante assunto, abrangendo todos os aspectos relevantes, incluindo sua tecnologia subjacente, aplicações, histórico e questões polêmicas.

Além disso, apresenta uma visão aprofundada da questão regulatória, abordando as preocupações, as medidas tomadas pelos governos e a posição dos reguladores em relação a essa nova classe de ativos. Há um argumento a se fazer em se estabelecer o tratamento dos desafios regulatórios e a ubiquidade dos criptoativos nas economias globais.

Como o universo cripto está em constante evolução, este livro também destaca questões importantes ainda em discussão, incluindo questões de segurança, privacidade, conformidade e governança.

Se você está procurando um mergulho aprofundado no mundo dos criptoativos, ou se é um profissional interessado em entender melhor as tendências regulatórias, este livro é de leitura obrigatória.

Oliver E. Cunningham

Atual sócio responsável pela área de transformação digital e inovação da KPMG. Fundador da Leap, braço de inovação da KPMG no Brasil, que ajuda a própria firma e outras grandes empresas a se transformarem digitalmente por meio da inovação aberta. Recebeu recentemente o reconhecimento como um dos 50 maiores líderes em tecnologia da América Latina pela HiTech.

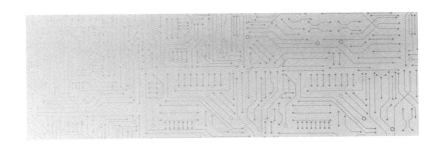

Nota da Autora

No início de 2016, almoçando com meu amigo Oliver Cunningham – com quem iniciei como **trainee** na KPMG há muitos anos –, que me presenteou com o prefácio deste livro, ele me fez a seguinte pergunta: "você já ouviu falar em **smart contracts**? **Bitcoin**?". Diante da minha resposta negativa, em seguida ele me deu o conselho: "então você precisa estudar esse assunto".

Confesso que não dei muita atenção, apesar de ter feito uma busca no Google sobre o tema, até receber, no escritório, poucas semanas depois, um possível cliente com a seguinte demanda: montar um fundo de investimento em **Bitcoin** no Brasil. Logo me lembrei da minha conversa com meu amigo e decidi que tinha chegado a hora de estudar o tal **Bitcoin**. E foi então que tudo mudou. Passei três dias

XII Criptoativos e *Blockchain*: Tecnologia e Regulamentação

seguidos praticamente sem dormir, lendo o **white paper**[1] do Satoshi Nakamoto[2] e o livro **Mastering Bitcoin**[3].

O verso de uma música me ajuda a definir como me senti naquele momento e continuo me sentindo até hoje: o assunto me atingiu como uma bala na cabeça[4]. Definitivamente, foi a experiência mais impactante em termos de aprendizado e conhecimento que já vivenciei. O estudo do **Bitcoin** me empolgou, desafiou e deu esperança de um futuro, ainda que distante, em que os cidadãos possam ter mais autonomia e privacidade.

A descentralização é transformadora e revolucionária, porque tem potencial para trazer uma nova forma de governança, em várias e diferentes esferas. E isso pode mudar muita coisa. Aprofundar meu conhecimento em redes distribuídas[5] me fez entender a lição de Oswaldo Oliveira, que pude absorver no Cripto, o primeiro curso que fiz sobre criptomoedas e **Blockchain**: em rede, temos chance de abandonar o paradigma da escassez ao perceber que é possível existir abundância de recursos.

No entanto, nada é fácil, pois quebrar paradigmas é difícil, e o da descentralização vem enfrentando resistência em vários campos, principalmente por parte dos governos, que tendem a perder o controle absoluto sobre a movimentação de valores dos cidadãos, em contraposição à conquista de maior privacidade e autonomia por parte destes.

---

[1] **White paper** é um formato de conteúdo mais avançado, que aprofunda determinado problema, trazendo suas causas, conceitos e, principalmente, sua solução.

[2] NAKAMOTO, Satoshi. **Bitcoin**: a peer-to-peer electronic cash system. 2008. Disponível em: <https://bitcoin.org/bitcoin.pdf>. Acesso em: 03.02.2023.

[3] Antonopoulos, Andreas. **Mastering Bitcoin**: programming the open Blockchain. Sebastopol: O'Reilly Media, 2014.

[4] "**Happiness hit her like a bullet in the back**". Verso de "Dog days are over", de Florence and the Machine.

[5] Abordamos, em detalhes, esses conceitos ao longo do livro.

Ainda, é possível se verificar, atualmente, uma tentativa deliberada de associação da tecnologia com atividades ilícitas, como lavagem de dinheiro e evasão de divisas, sobretudo pelos atributos de descentralização e privacidade. Entretanto, veremos que a rastreabilidade possibilitada pelo **Blockchain** torna a maior parte dos criptoativos pouco recomendável para a prática de crimes desse tipo. Esse discurso é, de certa forma, tendencioso e não se sustenta diante de um estudo mais aprofundado.

Acompanhando o processo de regulamentação dos "ativos virtuais" no Brasil e no mundo, é possível identificar como esse é um assunto delicado, pois rompe com diversos conceitos. Além do governo, as instituições financeiras, principalmente os bancos, têm lidado muito mal com a expectativa de perda do monopólio sobre as transações financeiras dos indivíduos. Inicialmente, os bancos fechavam, ou nem abriam, contas para **exchanges**[6] e outras empresas que atuam com criptoativos, não apenas no Brasil, alegando falta de interesse comercial, obrigando-as a buscar liminares junto ao Poder Judiciário para manter as contas operando.

Atualmente, grandes bancos passaram a oferecer produtos que envolvem criptoativos e **tokens**, aproveitando o **hype** do assunto e também querendo sua fatia dos lucros desse mercado novo, que cresce a cada dia.

Durante o período em que escrevi este livro, pude aprender muito estudando todos os tipos de **papers** de novos projetos que passaram pelas minhas mãos. A assessoria jurídica nesse segmento de negócio trouxe a prática como aliada e aperfeiçoadora do estudo, dando-me a oportunidade de atuar em projetos que vão desde a constituição de uma **exchange** até a realização de um **token offering**[7] nos Estados Unidos.

---

6 Empresas que realizam a intermediação de compra e venda de criptomoedas.

7 Processo de obtenção de recursos, abordado no capítulo 17.

Este livro vem mais maduro, balanceado pela perda do romantismo inicial e pela dureza de ver o mercado como ele é, nu e cru.

Finalizo com minha homenagem ao professor Andreas Antonopoulos, cuja paixão me inspira e guia nos estudos e por quem a admiração fica evidente nas diversas citações ao longo desta obra. Vamos, então, começar esta breve jornada com um trecho que considero resumir brilhantemente o que o **Bitcoin** representa:

> O **Bitcoin** representa uma transformação fundamental do dinheiro. Uma invenção que muda a tecnologia mais antiga que temos na civilização. Isso muda radicalmente e de forma disruptiva, mudando a arquitetura fundamental para uma onde todos os participantes são iguais. Onde a transação não tem estado ou contexto além de obedecer às regras de consenso da rede que ninguém controla. Onde seu dinheiro é seu. Você o controla absolutamente por meio da aplicação de assinaturas digitais, e ninguém pode censurá-lo, ninguém pode apreendê-lo, ninguém pode congelá-lo. Ninguém pode lhe dizer o que fazer ou o que não fazer com seu dinheiro. É um sistema de dinheiro que é simultaneamente, absolutamente transnacional e sem fronteiras. Nunca tivemos um sistema de dinheiro como esse.[8]

---

[8] "Bitcoin represents a fundamental transformation of money. An invention that changes the oldest technology we have in civilization. That changes it radically and disruptively by changing the fundamental architecture into one where every participant is equal. Where transaction has no state or context other than obeying the consensus rules of the network that no one controls. Where your money is yours. You control it absolutely through the application of digital signatures, and no one can censor it, no one can seize it, no one can freeze it. No one can tell you what to do or what not to do with your money. It is a system of money that is simultaneously, absolutely transnational and borderless. We've never had a system of money like that" (ANTONOPOULOS, Andreas. **The internet of money**. Michigan: Merkle Bloom LLC, 2016 . p. 19).

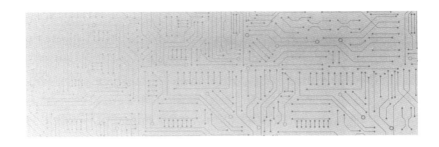

Glossário

Ativo digital: gênero do qual criptoativo é uma espécie. É a representação digital de ativos do mundo físico ou digital.

Blockchain: infraestrutura tecnológica semelhante às DLTs, acrescida de confiança trazida pela solução do dilema dos generais bizantinos.

Código *open-source*: código-fonte disponibilizado gratuitamente para consulta, modificação e redistribuição.

Criptoativo: espécie do gênero ativo digital baseado em criptografia, registrado em uma rede do tipo **Blockchain**.

Criptografia: conjunto de princípios e técnicas empregadas para cifrar a escrita, torná-la ininteligível para os que não tenham acesso às convenções combinadas.

Criptomoeda: tipo de criptoativo nativo de uma **Blockchain**, que costuma funcionar como meio de pagamento.

dApp: aplicativo de computador que funciona em uma rede **peer-to-peer** descentralizada, possui código aberto e opera de forma autônoma, independentemente de autoridades centrais.

Dilema dos generais bizantinos: condição característica dos sistemas de computação/rede distribuídos, em que os componentes podem falhar e há informações imperfeitas sobre se um componente falhou.

DLT *(Distributed Ledger Technology)*: infraestrutura tecnológica e protocolos de rede distribuída que permitem acesso simultâneo, validação e atualização de registros em uma rede espalhada por várias entidades ou locais.

Ethereum após o Merge: processo de atualização da rede que trocou o método de consenso.

FATF *(Financial Action Task Force Group)*/Gafi (Grupo de Ação Financeira contra Lavagem de Dinheiro e Financiamento ao Terrorismo): entidade intergovernamental criada em 1989 pelos Ministros das jurisdições-membros.

Fiat: moeda fiduciária de curso forçado de um país.

Hackers: indivíduo que se dedica, com intensidade incomum, a conhecer e modificar os aspectos mais internos de dispositivos, programas e redes de computadores.

Hash: é uma sequência de **bits** gerada por um algoritmo de dispersão, em geral representada em base hexadecimal, que permite a visualização em letras e números.

ICO *(Initial Coin Offering)*: também conhecida como **token sale**, é a oferta de **tokens**, pública ou privada, como meio de financiamento de projetos.

Iosco *(International Organization of Securities Commission)*: Organização Internacional de Valores Mobiliários.

Ela congrega os reguladores de valores mobiliários de vários países, criada em 1983.

KPI *(Key Performance Indicator):* Indicador-Chave de Desempenho. São os indicadores ou valores quantitativos que podem ser medidos, comparados e acompanhados, a fim de expor o desempenho dos processos e do trabalho nas estratégias de um negócio.

KYC *(Know Your Client):* conjunto de ações e estratégias para conhecer o cliente, de acordo com as especificidades do negócio.

Merge: alteração no protocolo da Rede Ethereum que alterou o método de consenso de PoW para PoS.

P2P *(Peer-to-Peer):* tipo de transação que ocorre diretamente entre os usuários, sem a intermediação de uma terceira parte.

PoS *(Proof of Stake):* método de consenso adotado por criptomoedas como Ethereum depois do Merge.

PoW *(Proof of Work):* método de consenso adotado por criptomoedas como **Bitcoin.**

Staking: bloqueio de criptoativos para obtenção de receita em uma **Blockchain** por meio do mecanismo de consenso PoS.

Timestamp: basicamente, representa um instante único, um ponto específico na linha do tempo, e seu valor corresponde a determinada quantidade de tempo decorrida a partir de um instante inicial.

Token: tipo de criptoativo que pode ser criado em uma **Blockchain.**

White paper: documento oficial publicado a fim de servir de informe ou guia sobre algo.

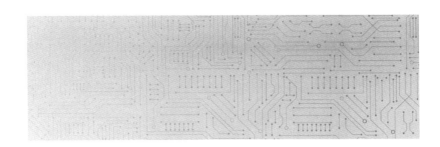

Sumário

I – A tecnologia... 1
  Introdução.. 1
  2. O início.. 11
  3. Ativos digitais – classificação............................ 15
  4. A "moeda virtual"... 17
  5. As moedas digitais emitidas por bancos centrais (CBDCs)... 20
  6. O *Bitcoin*... 21
  7. A tecnologia do *Blockchain*.............................. 25
  8. Outros protocolos de consenso............................. 32
  9. Uso do *Blockchain* para registros........................ 33
  10. *Blockchains* públicos e permissionados.................. 35
  11. *Smart contracts*.. 38
    11.1. Oráculos... 42

II – Aspectos jurídicos 45

12. Natureza jurídica dos criptoativos 45
13. Fungibilidade da natureza jurídica dos criptoativos .. 47
14. Da possibilidade de penhora judicial de criptoativos... 50
15. Herança e sucessão de criptoativos........................ 53

III – Regulamentação... 55

16. A posição do Banco Central do Brasil 55
    16.1. A questão da arbitragem de criptomoedas... 60
17. A posição da CVM.. 65
    17.1. Expectativa de benefício econômico 68
    17.2. A questão da oferta pública 69
18. *Token offering*.. 70
    18.1. Regulamentação dos *token sales* 72
19. A Lei 14.478/2022.. 77
    19.1. O processo legislativo 77
    19.2. Principais aspectos da Lei 14.478/2022 83
20. A evolução da regulamentação ao redor do mundo 91
    20.1. Alguns detalhes da regulamentação dos primeiros países 92

IV – Recomendações das Organizações Internacionais... 99

21. A Recomendação da Organização Internacional das Comissões de Valores Mobiliários (Iosco) para as plataformas digitais de negociação de criptoativos 99
22. Recomendação do Gafi para as plataformas de negociação de ativos virtuais 105

V – O mercado de criptoativos 109

23. Prestadores de serviços com criptoativos 109
24. Tributação 112
   24.1. Tributação sobre a renda 113
   24.2. Tributação da receita operacional em crip-
       tos 117
   24.3. Tributação da mineração de criptoativos 117
   24.4. Instrução Normativa da Receita Federal
       1.888/2019 119
25. Conclusão 122

Referências bibliográficas 125

Anexo – Legislação 133

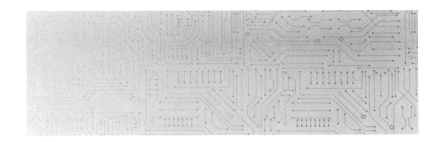

I – A tecnologia

Introdução

        Primeiro nas universidades e centros de pesquisa, e depois em toda a sociedade em geral, o ciberespaço tornou-se um novo alvo para o utopismo libertário. Aqui a liberdade do Estado reinaria. Senão em Moscou ou Tbilisi, então no ciberespaço encontraríamos a sociedade libertária ideal.[1]

Muita coisa mudou no Direito com o surgimento da internet. A informação se tornou mais rápida e abundante e as pessoas passaram a navegar em torno dos assuntos de forma mais organizada e racional. E, certamente, a busca por mais liberdade encontrou nesse espaço o ambiente perfeito para começar a

---

[1] "First in universities and centers of research, and then throughout society in general, cyberspace became a new target for libertarian utopianism. Here freedom from the state would reign. If not in Moscow or Tblisi, then in cyberspace would we find the ideal libertarian society" (LESSIG, Lawrence. *Code*: version 2.0. Nova York: Basic Books, 2006. p. 17).

ganhar corpo e voz. Contudo, não são poucas as tentativas de cercear a liberdade nesse novo espaço, pois, em diferentes países e de variadas formas, vemos isso acontecer, algumas vezes sob o pseudônimo de "regulamentação", infelizmente.

Entretanto, isso não significa que toda regulamentação seja sempre um movimento de cerceamento de liberdade; mesmo quando esse é o objetivo, essa ainda é uma das melhores formas. E a velocidade e a abundância do fluxo de informações demandaram a especialização cada vez maior dos profissionais da área jurídica, sofisticando o conhecimento e criando áreas de atuação, como o Direito Digital. Além de novas áreas, a internet também contribuiu para a advocacia de massa, facilitada pela rápida e barata replicação de demandas, algo difícil de imaginar na época da máquina de escrever. Isso sem contar a transformação da forma de se fazer pesquisa jurisprudencial e produzir provas.

A internet mudou não apenas o Direito mas também os advogados. Novos modelos de negócios surgiram, trazendo, com eles, o desafio de mudar de postura para acrescentar conhecimento de tecnologia à lógica jurídica. Além disso, outro fenômeno revolucionário – mais importante – foi a globalização, que relativizou substancialmente as fronteiras, misturando as culturas e pondo à prova conceitos jurídicos bastante definidos, como o de jurisdição, diante do âmbito global da internet.

Embora tenham surgido inovações fantásticas, algumas coisas importantes, infelizmente, ainda pouco mudaram. Em muitos lugares do mundo, as pessoas continuam tendo seus direitos mais básicos, como liberdade, privacidade, informação e livre manifestação, desrespeitados. Exemplifico, adiante, como isso ainda ocorre.

A facilidade de acesso à informação possibilitada pela internet deixa cada vez mais claro que parcela considerável dos governos ainda age de forma obscura em relação a inúmeros aspectos das vidas de seus cidadãos, desrespeitando seus direitos e interesses. Ouvimos notícias e denúncias de fraudes todos os dias, que vão desde eleições até contas públicas. O modelo centralizado de governança e poder demonstra cansaço e, efetivamente, parece ter iniciado um caminho sem volta rumo a uma inevitável mudança.

Nesse caso, um dos aspectos realmente empolgantes no estudo das novas tecnologias que envolvem as chamadas "criptomoedas", como o *Bitcoin*, é seu enorme potencial para ser um dos principais agentes de uma necessária e importante transformação. Esse potencial reside, principalmente, em um dos atributos da Rede *Bitcoin*, que é ser uma rede distribuída, de livre acesso e resistente à censura, o que pode colaborar no processo de garantir maior autonomia aos indivíduos, diminuindo a existência de organismos centralizadores. Para entender o quão relevante é esse conceito, é válido entender melhor o que é uma rede distribuída. Para tanto, vamos partir das ilustrações a seguir:

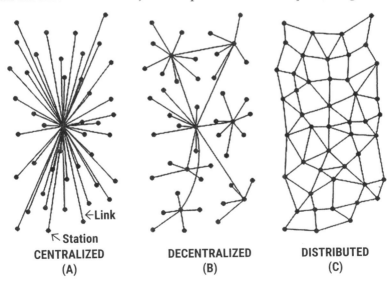

Fonte: essa imagem faz parte dos diagramas de Paul Baran (1964), apresentados pela primeira vez no paper "On distributed communications". Disponível em: https://humana.social/o-que-voce-precisa-saber-sobre-redes/.

A figura A traz a representação de uma rede centralizada, onde vemos um único centro de controle e poder, conectado a cada um dos participantes da rede, mas onde estes não se conectam entre si. Ou seja, todo controle emana do centro e é neste que se concentram todas as informações que transitam nessa rede. Isso significa que esse tipo de rede é bastante suscetível a ataques, já que possui um único ponto de falha (*single point of failure*): atacando-se o centro, destrói-se a rede, pois os participantes não se comunicam entre si e não possuem uma cópia das informações detidas pelo órgão centralizador. Esse foi o primeiro modelo de rede conhecido.

Já a figura B representa uma organização em rede descentralizada, a qual prefiro chamar de "multicentralizada", pois ela continua tendo centros de poder e controle e seus participantes também não se comunicam entre si, mas apenas com os centros. Diferentemente da rede centralizada A, nesse caso, em vez de um único, existem múltiplos centros de controle, conectados entre si. Apesar de essa organização ser menos facilmente atacável que a rede centralizada, já que ela tem vários centros, seus participantes continuam não se comunicando entre si, além de não terem uma cópia das informações da rede.

Finalmente, na década de 1990, surgiram as redes distribuídas. A figura C apresenta uma organização em rede efetivamente "descentralizada", ou seja, sem um ou mais centros de poder, que é a chamada rede distribuída. Nesse formato, não há um centro de poder, os participantes estão conectados entre si e todas as informações estão distribuídas entre eles, visto que cada um possui uma cópia de todas as informações da rede. Isso diminui sensivelmente as chances de sucesso de um ataque a esse tipo de rede, porque, ainda que a maioria dos participantes fosse atacada, se restasse apenas um, todas as informações da rede poderiam ser recuperadas por meio dele.

Em uma rede distribuída, não existe um órgão central encarregado de garantir a confiança trazida pelo centro de poder nas organizações centralizadas. Exemplifico: nosso sistema é fiduciário, ou seja, baseado na confiança, e estamos acostumados com a existência de um intermediário, um terceiro "garantidor" de confiança, como uma instituição financeira, que tem a função de garantir que pessoas que não se conhecem e, portanto, não confiam umas nas outras possam realizar transações financeiras entre si, ou um cartório, que, por delegação legal, tem atribuição de garantir confiança a documentos e assinaturas.

Todavia, em redes distribuídas, como não existe o centro de poder com atribuição de garantir essa confiança, como é possível realizar transações de forma segura? Esse sempre foi um dilema das redes distribuídas: como confiar na informação transmitida pelos outros participantes, ou *nodes* da rede, se não há um intermediário garantindo a confiabilidade dos participantes.

Desde a década de 1990, a tecnologia de redes distribuídas, ou DLT (*Distributed Ledger Technology*), já era conhecida, porém ainda não era possível garantir segurança nesse tipo de rede, justamente em razão da distribuição.

E é nesse sentido que a criação do *Bitcoin* é considerada uma revolução no mesmo nível da criação da internet, porque ela resolveu o chamado "dilema dos generais bizantinos", como veremos mais detalhadamente no capítulo 7, trazendo uma solução para garantir segurança e confiabilidade às informações transmitidas pelos participantes da rede. Foi o *Bitcoin* que transformou a DLT no que hoje se convencionou chamar de *Blockchain*, digamos assim.

O protocolo da Rede *Bitcoin*, escrito por uma ou mais pessoas, não se sabe ao certo, sob o pseudônimo de Satoshi Nakamoto, cujo *white paper* foi publicado em um grupo de programadores e criptógrafos em outubro de 2008, foi totalmente

6 Criptoativos e *Blockchain*: Tecnologia e Regulamentação

inovador ao propor a substituição do modelo de rede centralizado, em que a confiança é trazida por um intermediário, para uma rede distribuída e um conjunto de tecnologias, tais como criptografia, *hash*, combinação de chaves públicas e privadas, consenso por meio de *proof of work* e o próprio *Blockchain*, que serão abordadas, em detalhe, ao longo desta obra.

Nas palavras de Andreas Antonopoulos, "Isso não é dinheiro. É uma rede de confiança descentralizada"[2]. Ao alterar o modelo de confiança, retirando-a do intermediário e substituindo-a por tecnologia, matemática, criptografia, temos um *upgrade* revolucionário em termos de confiabilidade, transparência e segurança. Nesse sentido, *Bitcoin* é muito mais do que uma "moeda virtual" para transações na internet, é uma quebra de paradigma, um avanço para a descentralização e incentivo à colaboração em rede.

A possibilidade de atuação em rede de forma colaborativa, incentivada, pode transformar o paradigma da escassez, no qual vive, atualmente, a humanidade, estocando e acumulando recursos pelo receio da falta, para o da abundância, pois concluiremos que, em uma rede colaborativa, ainda que incentivada[3], há recursos suficientes para todos. Essa tecnologia, portanto, tem potencial para ser o início de algo capaz de trazer mais independência, autonomia, recurso e opção às pessoas.

Nessa perspectiva, *Bitcoin* é mais do que a primeira criptomoeda. É uma rede de livre acesso à prova de censura e, por consequência, inclusiva. Sim, essa tecnologia, e pode até não ser especificamente o *Bitcoin*, mas, certamente, algo inspirado

---

2   Tradução livre: "This isn't money, it's a de-centralized trust network" (ANTO-NOPOULOS, Andreas. *Mastering Bitcoin*. Sebastopol: O'Reilly, 2010).

3   O incentivo aqui mencionado refere-se à remuneração dos mineradores pela validação das transações na Rede *Bitcoin*, que será mais bem explicado no capítulo 6.

no seu conceito, tem potencial para transformar o mundo atual, dominado por fortes centros de poder. Infelizmente, a humanidade tem presenciado, há séculos, o poder que o controle sobre a moeda e a informação, principalmente, é capaz de garantir sobre os indivíduos. E, o mais preocupante, é vermos exemplos disso acontecendo hodiernamente.

No final de 2016, o Governo da Índia retirou de circulação mais de 85% do dinheiro em espécie do país, gerando o mais absoluto caos, pois a maioria das transações no local ainda era realizada em dinheiro vivo. De uma hora para a outra, as pessoas simplesmente não conseguiram trocar suas notas e não tinham como comprar água, remédios e comida. A alegação do Governo para tal medida foi o combate à corrupção, com objetivo de "descobrir" dinheiro não declarado[4].

No Brasil, podemos lembrar o famoso Plano Collor, um dia após a posse de Fernando Collor de Mello como primeiro presidente eleito por voto direto em 25 anos; houve o bloqueio, ou "confisco", por 18 meses, dos saldos superiores a NCz$ 50 mil nas contas bancárias de todos os brasileiros. Calcula-se que o valor de USD 100 bilhões, ou o equivalente a 30% do PIB do País, tenha sido confiscado.[5]

Dinheiro usado como instrumento de controle, de poder. Alguém poderia pensar: mas isso só ocorre em países ainda em processo de desenvolvimento e com governos pouco democráticos. Infelizmente, não é bem assim, e, para deixarmos isso mais claro, trago outro exemplo direto dos Estados Unidos, berço da democracia e da liberdade.

---

[4]   Revista *Veja*, 11.11.2016.

[5]   PINHO, Débora. O dia em que Collor confiscou sua poupança. **Conjur**, 25.06.2009. Disponível em: <www.conjur.com.br/2009-jun-25/imagens-historia-dia-collor-confiscou-poupanca>. Acesso em: 25.01.2023.

8 Criptoativos e *Blockchain*: Tecnologia e Regulamentação

Aaron Hillel Swartz foi um garoto americano, nascido em 1986, programador, articulador político, ativista da internet. Foi o cocriador do RSS, ferramenta que agrega conteúdo na rede, facilitando a busca de informações. Aos 13 anos de idade, Aaron ganhou o prêmio ArsDigita[6] e, aos 14, colaborou, com especialistas em padrões de rede, no grupo de trabalho que inventou a especificação 1.0 do RSS.

Em 2006, Aaron adquiriu a biblioteca completa do conjunto de dados bibliográficos do Congresso dos Estados Unidos, que só podia ser acessada com pagamento de taxas cobradas pela biblioteca, e a tornou disponível ao público gratuitamente.

"Ele agitou sem cessar – e sem compensação financeira – o movimento em prol da cultura livre"[7]. Fundou, em 2008, o Watchdog.net, para agregar e visualizar dados sobre políticos em exercício. Foi editor voluntário da Wikipedia e esteve envolvido na criação do Creative Commons, organização sem fins lucrativos que permite compartilhamento de conteúdo e conhecimento por licenças de direitos autorais livres. Aaron foi um defensor da liberdade de acesso à informação.

Em 2008, Aaron baixou e lançou aproximadamente 2.7 bilhões de documentos da corte federal dos EUA, armazenados na base de dados do Pacer (*Public Access to Court Electronic Records*) e que estavam sendo cobrados para disponibilização ao público, apesar da garantia legal de gratuidade dessas informações.

No entanto, foi em 2010 que Aaron, por meio da rede interna do Massachusetts Institute of Technology, o famoso MIT, realizou

---

[6] Prêmio criado por ArsDigita e Philip Greenspun, que premiou, anualmente, com USD 10,000.00, de 1999 a 2001, jovens que criaram *sites* úteis, educacionais e colaborativos.

[7] Virginia Heffernan, *Yahoo! News*.

o *download* de grande quantidade de revistas científicas e artigos, chamando a atenção do FBI, que começou a investigá-lo e acabou por prendê-lo em 2011, por obtenção ilegal de informações que eram públicas. Ele foi indiciado em mais de nove acusações a uma pena de 50 anos de prisão e um milhão de dólares em multas.

A sobrecarga de acusações, a repressão do governo, a possibilidade de prisão e o estresse em virtude do processo judicial foram demais para o brilhante jovem de 26 anos, que acabou entrando em depressão e se suicidando poucos dias antes do julgamento, em janeiro de 2011. O mundo perdeu uma mente genial, um defensor da internet livre, da liberdade de acesso à informação.[8]

Informação usada como instrumento de controle, de poder. Dinheiro e informação, dois elementos fundamentais para controle e manutenção de poder. Vendo como os governos têm lidado com iniciativas que possam colocar minimante em risco esse poder, é possível imaginar por que Satoshi Nakamoto preferiu não se identificar ao criar algo tão revolucionário e com o objetivo claro de garantir maior autonomia e privacidade aos cidadãos sobre a movimentação de seus ativos e suas informações.

Nesse sentido, o conceito mais inovador trazido pelo *Bitcoin* é o da descentralização, ou melhor dizendo, distribuição, suprimindo, assim, o *middleman*, o intermediário. Algumas décadas atrás, vimos o surgimento de novos modelos de negócios, baseados no compartilhamento de serviços por meio de plataformas na internet, como Google, Facebook, Mercado Livre, Decolar, Uber, Airbnb, Netflix e Spotify. Esses modelos acabaram por dar cabo de alguns modelos antigos, como o de videolocadoras e lojas de CD, além de abalar o segmento de táxis.

---

8   *The internet's own boy: the story of Aaron Swartz,* documentário produzido por Brian Knappenberger, premiado no Sundance Film Festival em 2014.

No entanto, apesar de baseados nos conceitos de compartilhamento, esses modelos ainda estão centralizados em um intermediário, o que, além de elevar o valor do serviço em si, pela remuneração dessa intermediação, permite um excesso de poder sobre as informações transmitidas pelos usuários desses serviços, que é o que vimos acontecer com gigantes da internet como Google e Facebook, por exemplo.

Contudo, a tecnologia do *Blockchain*, uma das várias que compõem a Rede *Bitcoin*, está fazendo surgir uma nova geração de modelos de negócios, também baseada no conceito do compartilhamento em rede, mas agora de forma descentralizada, que vem sendo chamada de Web 3.0. Isso já está fazendo surgir novos modelos de negócio, como o Arcade City[9], aplicativo que funciona como um Uber, mas sem o "Uber", ou seja, uma rede de compartilhamento de viagens *peer-to-peer*, baseada em *Blockchain*.

Agora imagine uma rede social, como o Facebook, descentralizada. Hoje, a empresa Facebook detém uma enorme quantidade de informações sobre seus usuários, que nem sabem exatamente quais informações são detidas pela empresa, e esses dados são utilizados comercialmente sem trazer qualquer benefício direto aos seus detentores, os usuários.

Na plataforma Steemit[10], uma rede social baseada em *Blockchain*, os usuários recebem uma participação na receita da plataforma para gerar conteúdo: 85% vão para o usuário criador e o resto é alocado para manutenção da rede. E não para por aí; as possibilidades de novos negócios são inúmeras com base no conceito da ausência do intermediário.

---

[9] Disponível em: <https://arcade.city>. Acesso em: 25.01.2023.

[10] Disponível em: <https://steemit.com/>. Acesso em: 25.01.2023.

Por isso que o surgimento das criptomoedas, ou criptoativos, e do *Blockchain* traz incontáveis desafios e reflexos jurídicos a serem analisados, que vão desde os aspectos relacionados às "criptomoedas" em si e suas consequências no âmbito econômico, ou seja, como meio de pagamento e investimento, até as possibilidades de aplicação do *Blockchain* a diversos modelos de negócios.

O objetivo desta obra não é aprofundar o estudo dos conceitos técnicos sobre as tecnologias que envolvem o tema, apesar de ser fundamental estudá-los para melhor compreensão jurídica[11], mas, sim, analisar os reflexos jurídicos e as implicações legais dos institutos, sem qualquer pretensão de apresentar fórmulas definidas e conceitos fechados, já que se trata de assunto novo e em constante e rápida evolução.

Concluindo, a maior inovação trazida pelo protocolo da Rede *Bitcoin*, que é a possibilidade de transações seguras, imutáveis e rastreáveis, em uma rede distribuída, sem a necessidade de um intermediário, certamente tem um enorme potencial, mas ainda enfrentará muita resistência, por exemplo, por parte de governos mais controladores, além de desafios técnicos, como escalabilidade do sistema e custo.

2. O início

Em tempos antigos, a linguagem cifrada já era usada em troca de mensagens, basicamente em assuntos de guerra e diplomacia, para evitar que o inimigo tivesse acesso à informação, caso interceptasse o mensageiro. Durante a Guerra Fria entre a

---

[11] Para esse estudo dos aspectos técnicos, recomendamos *Mastering Bitcoin*, de Andreas Antonopoulos.

extinta União Soviética e os Estados Unidos, vários e diferentes métodos foram criados para esconder mensagens sobre estratégias, criptografadas com diferentes chaves.

Criptografia é a técnica pela qual a informação pode ser transformada da sua forma original para outra ilegível, de forma que possa ser conhecida apenas pelo destinatário, possuidor de uma chave secreta que o permitirá ler a informação, tornando muito difícil ser lida por alguém não autorizado. A criptografia de chave pública a aproximou do público civil e, com o surgimento dos computadores e da internet, sua utilização para outras aplicações se tornou possível.

Então, na década de 1990, em São Francisco, Eric Hughes, Timothy C. May e John Gilmore juntaram um grupo de criptógrafos e *hackers* que deram origem a um movimento denominado *Cypherpunk*. Interessados no estudo da matemática e da criptografia, aplicado à filosofia de privacidade e respeito à liberdade individual na internet, eles escreveram um documento importante, chamado *O manifesto Cypherpunk*, de onde extraímos o trecho a seguir:

> A privacidade é necessária para uma sociedade aberta na era eletrônica. (...) *Não podemos esperar que governos, corporações ou outras grandes organizações sem rosto nos concedam privacidade* (...). Devemos defender nossa própria privacidade se esperamos ter alguma. (...) *Cypherpunks* escrevem código. Sabemos que alguém tem que escrever um *software* para defender a privacidade e (...) vamos escrevê-lo.[12]

---

[12] "Privacy is necessary for an open society in the electronic age. (...) We cannot expect governments, corporations, or other large, faceless organizations to grant us privacy (…). We must defend our own privacy if we expect to have any. (...) Cypherpunks write code. We know that someone has to write software to defend privacy, and (...) we're going to write it" (HUGHES, Eric. *A Cypherpunk's Manifesto*, 1993).

Os *Cypherpunks* também promoveram ações judiciais contra o Governo dos Estados Unidos, alegando a inconstitucionalidade de várias medidas de controle de dados e liberdade de expressão, ganhando boa parte delas.

Entre eles, alguns já estudavam tecnologias que foram aproveitadas pelo *Bitcoin*, como Hal Finney, a primeira pessoa a receber uma transação de *Bitcoin* feita por Satoshi Nakamoto, que se especula possa ser o próprio; Adam Back, inventor do *Hashcash*, um tipo de prova de trabalho; e Bram Cohen, criador do *BitTorrent*, um dos protocolos de transferência de dados e arquivos digitais mais utilizados da internet.

Em 2008, com a falência do Lehman Brothers, vimos eclodir uma das maiores crises do sistema financeiro, que se iniciou nos Estados Unidos, mas acabou atingindo vários outros países ao redor do mundo. A partir de 1998, os bancos americanos começaram a emprestar dinheiro a pessoas que não teriam como pagar, dando a própria casa como garantia. Isso era chamado de crédito *subprime* e inundou o sistema financeiro americano.

Esses empréstimos de alto risco eram misturados aos de baixo pelos bancos, compondo um pacote chamado de CDO, que eram obrigações de dívida com garantia. Os compradores de CDO achavam que estavam fazendo um ótimo negócio, até porque renomadas agências de classificação de risco, como Standard & Poor's, Fitch e Moody's, garantiram que eram investimentos de alta qualidade, chamados de *Triple A*.

Só que, em determinado momento, muitos devedores simplesmente não pagaram seus financiamentos e houve um efeito dominó. As bolsas do mundo todo despencaram e os bancos tiveram perdas bilionárias, levando o Governo dos EUA a injetar dinheiro nos bancos para evitar uma quebra ainda maior.

14 Criptoativos e *Blockchain*: Tecnologia e Regulamentação

Os impactos foram além dos Estados Unidos e culminaram em uma crise não apenas financeira mas também de confiança nas instituições e nos governos. Se pensarmos que, desde o desmantelamento do modelo Breton Woods[13], o lastro da moeda é basicamente a confiança do mercado no seu emissor, este demonstrou que não era digno de tamanha credibilidade, e isso deixou as pessoas temerosas e revoltadas.

Exatamente nesse momento, Satoshi Nakamoto organizou todas aquelas tecnologias já existentes, de forma inovadora, viabilizando algo totalmente inédito: um sistema de dinheiro digital, em que a figura do intermediador, garantidor de confiança, foi substituída por um protocolo matemático, baseado em criptografia.

O *white paper* de Satoshi, intitulado *Bitcoin: a peer-to-peer electronic cash system*[14], foi divulgado em 31 de outubro de 2008. A primeira transação de *bitcoins* foi realizada no início de 2009, e, de lá para cá, o número de usuários só aumentou, apesar da grande volatilidade de sua cotação. Ademais, o caráter libertário por trás desse conjunto de tecnologias, em contraponto à recente quebra de confiança institucional, está evidenciado no conceito revolucionário de descentralização, ou melhor, distribuição.

---

[13] O Sistema Bretton Woods de gerenciamento econômico internacional foi estabelecido em julho de 1944, nas Conferências de Bretton Woods, e definiu regras para as relações comerciais e financeiras entre os países mais industrializados do mundo. Foi o primeiro caso na história mundial de uma ordem monetária negociada entre nações, com objetivo de governar as relações monetárias entre países independentes. O acordo negociado em Bretton Woods durou até agosto de 1971, quando os Estados Unidos, de forma unilateral, puseram fim à conversibilidade do dólar em ouro, ou seja, com o conceito de lastro da moeda em ouro, e o dólar se tornou uma moeda fiduciária (MAGNOLI, Demétrio. *História da paz*. São Paulo: Editora Contexto, 2008).

[14] Tradução livre: sistema de dinheiro eletrônico de pessoa para pessoa.

O esforço para criar um meio de pagamento digital, seguro, transparente, imutável e resistente à censura gerou uma tecnologia que garante atributos extremamente interessantes, inclusive para outros modelos de negócio, além da transação de valores. Ou seja, a "moeda virtual" é apenas a primeira das inúmeras possíveis aplicações do *Blockchain*, que, certamente, tem um longo e fascinante caminho pela frente.

Após o surgimento do *Bitcoin*, outras moedas virtuais descentralizadas foram criadas, muitas sob o próprio código aberto do *Bitcoin*, como a *Namecoin* e a *Litecoin*, em 2011. A partir de 2014, surgiu uma nova geração de "moedas virtuais" e, consequentemente, de redes, como o *Ethereum*, que trouxe outras funcionalidades além da transação de valores, como a possibilidade de programação de *smart contracts*, sobre os quais falaremos adiante.

3. Ativos digitais – classificação

Quanto à terminologia, é comum vermos a utilização de várias denominações diferentes para os ativos digitais baseados em criptografia, sendo as mais comuns: moeda virtual, moeda digital, ativo virtual ou criptomoeda. Juridicamente, a classificação que propomos é a seguinte:

- **Ativo digital** – gênero do qual criptoativo é uma espécie. É a representação digital de ativos do mundo físico ou digital.
- **Criptoativo** – espécie de ativo digital baseado em criptografia, registrado em uma rede do tipo *Blockchain*.
- **Criptomoeda** – tipo de criptoativo nativo de uma *Blockchain*, que costuma funcionar como meio de pagamento.

- **Token** – tipo de criptoativo que pode ser criado em uma *Blockchain*.

No esquema abaixo, fica fácil entender a classificação dos ativos digitais:

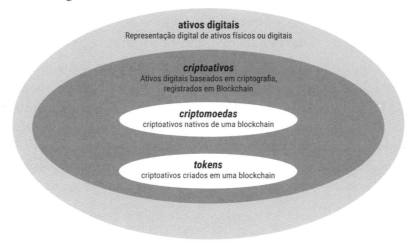

Fonte: Autoria própria

A Lei 14.478, publicada em 22.12.2022 e originada do Projeto de Lei 4.101/2020, conforme veremos mais detalhadamente em capítulo próprio, traz uma definição do que denomina "ativos virtuais":

> Art. 3º Para os efeitos desta Lei, considera-se ativo virtual a representação digital de valor que pode ser negociada ou transferida por meios eletrônicos e utilizada para realização de pagamentos ou com propósito de investimento, não incluídos:
>
> I – moeda nacional e moedas estrangeiras;
>
> II – moeda eletrônica, nos termos da Lei nº 12.865, de 9 de outubro de 2013;
>
> III – instrumentos que provejam ao seu titular acesso a produtos ou serviços especificados ou a benefício prove-

niente desses produtos ou serviços, a exemplo de pontos e recompensas de programas de fidelidade; e

IV – representações de ativos cuja emissão, escrituração, negociação ou liquidação esteja prevista em lei ou regulamento, a exemplo de valores mobiliários e de ativos financeiros.

Parágrafo único. Competirá a órgão ou entidade da Administração Pública federal definido em ato do Poder Executivo estabelecer quais serão os ativos financeiros regulados, para fins desta Lei.

Dada a máxima vênia, em nosso entendimento, não se trata da melhor definição, até porque não destaca o aspecto mais importante desse tipo de ativo, que é a utilização da tecnologia de redes distribuídas.

Ainda sobre a classificação do esquema anterior, o *bitcoin*, o *ether* e a *litecoin*, por exemplo, são criptomoedas, pois são criptoativos nativos de suas respectivas *Blockchains* e possuem função de pagamento.

Já o *Chiliz*, por exemplo, é um *token* emitido dentro da *blockchain* da rede *Ethereum*, que já possui sua criptomoeda nativa, que é o *ether*.

Sobre a denominação "ativo virtual", é válido mencionar que outras regulamentações internacionais, como as orientações do Gafi e da Iosco, também utilizam referida classificação.

4. A "moeda virtual"[15]

O *Bitcoin* não foi a primeira tentativa de se criar uma moeda digital. Nick Szabo já tinha feito um experimento nesse sentido

---

[15] Apesar de considerarmos a terminologia "moeda virtual" incorreta, utilizamos como referência a terminologia utilizada pelos órgãos reguladores brasileiros, como o Banco Central do Brasil.

com o *Bit Gold*[16], em 1998, e o *Bitcoin* se utilizou de vários fundamentos do *Bit Gold* na sua configuração. Contudo, o grande desafio da criação de uma moeda para utilização no mundo digital, onde tudo é, em princípio, copiável e colável, era impedir o gasto duplo, ou seja, a utilização da mesma moeda para duas transações diferentes, e o *Bitcoin* foi o primeiro protocolo criptográfico que superou esse problema.

O protocolo da Rede *Bitcoin* descreve, em sua essência, uma rede global de transferência de valores de pessoa para pessoa. Então, ainda que inúmeras outras aplicações estejam sendo desenvolvidas em cima dessa tecnologia, sua criação deu-se para funcionar, basicamente, como instrumento para transação de valores na internet.

O número de novos criptoativos aumenta a cada dia, apesar de o *Bitcoin* deter sempre boa parte desse mercado, avaliado, atualmente, em mais de 589 bilhões de dólares[17]. Todavia, o fato de terem surgido outros criptoativos, ao contrário do que se possa imaginar, não é um problema ou causa algum prejuízo ao mercado.

Efetivamente, como o *Bitcoin* foi desenvolvido em um código *open-source*, ou seja, aberto, qualquer desenvolvedor pode, com base nele, criar outra rede com seu próprio *token* digital ou criptomoeda. No entanto, o que vai garantir adesão e sucesso a esse novo ativo será a confiança que o mercado depositará no novo protocolo criado, já que o valor das criptomoedas está totalmente relacionado à lei da oferta e procura.

---

[16] Em 1998, Nick Szabo desenvolveu um mecanismo para uma moeda digital descentralizada chamado *Bit Gold*, em que os participantes dedicariam força computacional para resolver problemas criptográficos. O *Bit Gold* nunca chegou a funcionar.

[17] Fonte: CoinMarketCap.com – 28.01.2018.

Além disso, também existem *tokens* digitais criados para nichos e finalidades específicas. Como é o caso do *Ether*, *token* digital nativo da rede *Ethereum*. A linguagem de programação da rede *Ethereum*, mais favorável para isso do que a do *Bitcoin*, permite a criação de *smart contracts* e dApps, que são aplicações distribuídas, criadas para rodar sem controle ou intermediação de terceiros, com segurança.

A *Zcash* também é uma criptomoeda baseada em código *open-source*, que roda em uma rede distribuída. Entretanto, diferentemente do Bitcoin, essa criptomoeda tem o objetivo de oferecer ainda mais privacidade, pois permite seletiva transparência das transações, em razão do algoritmo de consenso adotado. Ou seja, seu público-alvo é aquele que procura por privacidade extra nas transações.

Existe, inclusive, a *Dash*, que é uma criptomoeda que oferece ainda mais anonimato e transações irrastreáveis, em razão do protocolo de consenso adotado, focado totalmente na privacidade. Já a *Ripple* é uma rede global focada em transações internacionais instantâneas e a baixo custo; recentemente, ela foi adotada pelo sistema financeiro tradicional para pagamentos internacionais[18].

Em síntese, existem criptoativos mais ou menos indicados para cada tipo de aplicação; por isso, é possível afirmar que eles não concorrem entre si ou prejudicam o ecossistema de modo geral, sendo mais complementares do que concorrentes.

---

[18] O grupo Santander anunciou que está testando um aplicativo alimentado pela tecnologia *Ripple* com seus funcionários, para pagamentos entre 10 e 10.000 libras. (PORTAL DO BITCOIN. *Santander lançará aplicativo alimentado pela Ripple*. 03.02.2018. Disponível em: <https://portaldobitcoin.com/santander-lancara-aplicativo-alimentado-pela-ripple/>. Acesso em: 23.01.2023).

5. As moedas digitais emitidas por bancos centrais (CBDCs)

As CBDCs (*Central Bank Digital Currencies*) são as moedas digitais emitidas pelos bancos centrais de cada país, que digitalizam suas próprias moedas governamentais. Enquanto as criptomoedas são descentralizadas, as CBDCs continuam centralizadas pelo mesmo órgão emissor do dinheiro em espécie, ou seja, o Banco Central, seguindo a mesma política monetária do Governo.

Vários países estão estudando a possibilidade de criação de CBDCs, mas ainda se discute sobre os riscos e os benefícios dessa medida. Acredita-se que isso permitiria aos governos uma administração fácil de concessões em dinheiro digital, especialmente durante crises, como pandemias.

De acordo com o Banco Mundial, mais de 1,6 bilhão de adultos são considerados desbancarizados. Isso se refere a uma pessoa ou entidade que não tem acesso a um banco ou organização financeira semelhante. Imagina-se que isso aumentaria a inclusão financeira, permitindo o uso de aplicativos, em vez de conta bancária.

Outra área em que as moedas digitais de banco central podem se tornar benéficas é no mundo das finanças descentralizadas. Alguns consideram as CBDCs como um trampolim para uma adoção mais ampla dessas ferramentas e produtos.

No entanto, a grande preocupação relacionada à moeda digital de banco central gira em torno da perda da privacidade e do aumento de controle e poder do Governo. Por meio de dinheiro digital, é possível até mesmo o Governo "endereçar" os recursos dos cidadãos. Por exemplo, em se tratando do auxílio emergencial, seria possível limitar sua utilização para os itens da cesta básica apenas.

Também não é possível afirmar que os bancos centrais utilizem redes descentralizadas, públicas e livres de censuras para o registro das transações de CBDCs. Caso usem tecnologia de redes distribuídas, certamente farão uso de modelos permissionados e centralizados.

O Banco Central do Brasil está, igualmente, estudando o lançamento de sua moeda digital, com testes já em 2023.

6. O *Bitcoin*

Bitcoin é uma coleção de conceitos e tecnologias que formam a base de um ecossistema de dinheiro digital, incluindo:

- Uma rede descentralizada ponto-a-ponto (habilitada pelo protocolo *Bitcoin*)
- Um livro de transações públicas (o *Blockchain*)
- Um mecanismo descentralizado, matemático e determinístico de emissão de moeda (mineração distribuída e conceito de "Prova de Trabalho")
- Um sistema descentralizado de verificação de transações (*script* de transação).[19]

A Rede *Bitcoin* é global, distribuída, de livre acesso, resistente à censura, criada para permitir transações de valores diretamente entre pessoas, sem intermediários, de forma segura. É um protocolo, como a própria internet, e seu *token* nativo, ou criptomoeda, é o *bitcoin*, assim mesmo, com letra minúscula, quando se refere à moeda, e não à Rede.

---

19 ANTONOPOULOS, Andreas. *Mastering Bitcoin*. Sebastopol: O'Reilly, 2014. Disponível em: <http://shop.oreilly.com/product/0636920032281.do>. Acesso em: 23.01.2023.

As transações realizadas na Rede Bitcoin, e qualquer outra rede distribuída, são processadas e registradas em um banco de dados semelhante a um livro contábil virtual, contínuo, que é o *Blockchain*, e cada componente da rede possui uma cópia em seu computador, formando uma rede distribuída. Assim, no *Blockchain* da Rede *Bitcoin*, é possível verificar todas as transações já realizadas, desde a primeira em 2009, pois os registros são contínuos, públicos e rastreáveis.

Nesse sentido, *Bitcoin* é o *token* nativo da Rede, enquanto *Blockchain* é o banco de dados virtual onde são registradas as transações realizadas. É interessante notar que, apesar de o *Blockchain* ser comumente denominado como "a tecnologia por trás do *Bitcoin*", o *white paper* de Satoshi Nakamoto em nenhum momento menciona a palavra *Blockchain*, não obstante descrever a base de dados onde são registradas as transações como "uma rede que marca o tempo das transações, colocando-as em uma cadeia contínua no 'hash', formando um registro que não pode ser alterado sem refazer todo o trabalho".

O uso do termo *Blockchain* veio com o tempo, quando se percebeu que a tecnologia criava uma rede contínua e encadeada de blocos. Todavia, não foi definido especificamente no *white paper* da Rede *Bitcoin*.

E cada criptomoeda possui sua própria *Blockchain*, com características diferentes, a depender do método de consenso adotado. Na Rede *Bitcoin*, as transações são agrupadas para validação em blocos, os quais são ligados entre si por *hashes*, ou seja, códigos criptográficos representados por um conjunto de caracteres alfanuméricos, por isso o nome *Blockchain*, ou cadeia de blocos. Conforme exemplificado na ilustração a seguir, cada bloco possui, em sua configuração, o número de *hash* do bloco anterior, formando um encadeamento entre os blocos.

É interessante mencionar que o *hash* de cada bloco é como uma "tradução" em criptografia de um conjunto de informações sobre o respectivo bloco e as transações nele existentes. Assim, se qualquer informação de um bloco já validado fosse alterada posteriormente, de forma fraudulenta, todos os blocos posteriores deveriam ser alterados também, pois os *hashes* de cada bloco não seriam mais os mesmos, já que qualquer mínima alteração nas informações altera o *hash*.

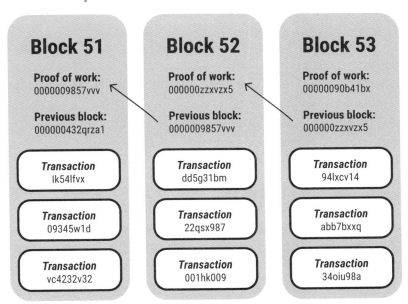

Fonte: Exemplo de *Blockchain* (BRIKMAN, 2014)[20]

Quem realiza a atividade de validação das transações realizadas na Rede *Bitcoin*, em blocos, são os chamados mineradores da rede. E quem são esses mineradores? São participantes da Rede que possuem um equipamento apropriado, realizam o

---

[20] GRAHAM, Paul. Bitcoin by analogy. *Yevgeniy Brikman*, 24.04.2014. Disponível em: <www.ybrikman.com/writing/2014/04/24/bitcoin-by-analogy/>. Acesso em: 30.01.2023.

download de uma versão específica do *software* do *Bitcoin* e do histórico de todas as transações já realizadas e se conectam com os outros participantes da Rede.

Os computadores interligados nessa rede distribuída servem como os nós, ou *nodes* do sistema, sendo responsáveis por validar as informações e transações e garantir a segurança no compartilhamento de dados. Nesse formato, a Rede consegue funcionar de forma segura, sem depender de um órgão centralizador, o "intermediário".

A arquitetura do protocolo descrito por Satoshi Nakamoto é que garante a imutabilidade das transações já validadas, pois, caso se quisesse fraudar a Rede alterando transações passadas dentro do *Blockchain*, seria necessário alterar os *hashes* de todos os blocos já validados, o que seria extremamente difícil e caro, ou seja, computacionalmente improvável, como se fala em Ciência da Computação.

A própria descrição da Rede como *a peer-to-peer electronic cash system* deixa claro que o objetivo da Rede *Bitcoin* é reproduzir, no mundo digital, as mesmas características das transações com dinheiro em espécie, o *cash*, do inglês, ou seja, privacidade, irreversibilidade e desnecessidade de intermediários. Ao realizar transações com dinheiro em espécie, não é preciso, por exemplo, apresentar documentos ou comprovante de residência, o que garante a essa operação maior privacidade. Além disso, as transações com dinheiro em espécie também não carecem de um intermediário para garantir confiança para a transação, que se aperfeiçoa com a simples entrega do dinheiro em troca de um bem ou serviço.

É válido esclarecer, porém, que a Rede *Bitcoin* não garante "anonimato" aos seus usuários, ao contrário do que se possa imaginar, mas, sim, privacidade, o que é diferente. Isso porque, dentro da Rede, os usuários não são identificados por nome e número de documento, mas por números de carteiras e chaves públicas, que, combinadas com chaves privadas, permitem a transferência de titularidade dos *bitcoins*.

No entanto, se necessário, e mediante o devido processo legal, pode ser possível, por meio de perícia e combinação de métodos de investigação, descobrir quem é o titular de uma carteira. E todas as transações podem ser rastreadas por esse número. Ou seja, garante-se privacidade às transações e, ao mesmo tempo, transparência e rastreabilidade, se necessário, para qualquer investigação.

Além disso, apenas o titular – e dono – das chaves pública e privada pode realizar qualquer transação com seus *bitcoins*. Inversamente, nos bancos, apesar de a conta-corrente ser do correntista, não é possível afirmar que apenas este pode realizar movimentações, pois terceiros também podem fazer isso, em algumas hipóteses, como banco, o Governo e o Poder Judiciário. Desse modo, temos, basicamente, uma autonomia relativa sobre nossos recursos financeiros, no sistema financeiro tradicional.

A criação da Rede *Bitcoin* teve como objetivo, justamente, trazer mais autonomia aos indivíduos sobre seus recursos financeiros e mais privacidade às suas movimentações.

7. A tecnologia do *Blockchain*

Novamente, repita-se que *Bitcoin* e *Blockchain* são coisas diferentes. *Bitcoin* é a criptomoeda, o *token* nativo da Rede *Bitcoin*, e *Blockchain* é o banco de dados virtual, distribuído, onde são registradas, de forma permanente, as operações realizadas com *bitcoins*.

Cada criptomoeda possui sua própria *Blockchain*, com características específicas definidas na sua criação, de acordo com o método de consenso adotado. O objetivo do *Blockchain* é manter registro permanente de todas as transações e do método de consenso, é prevenir o chamado "gasto duplo", ou seja, a utilização dupla de uma mesma criptomoeda. O *Blockchain* é organizado em blocos conectados entre si, que, por conta de características trazidas pelas especificações do protocolo da Rede *Bitcoin*, são capazes de garantir segurança, imutabilidade e rastreabilidade das transações.

Justamente porque todos os membros da rede possuem uma cópia do *Blockchain* em seu computador, qualquer transação inválida será evidenciada para todos, ou seja, nada pode ser alterado na Rede *Bitcoin* sem que os outros membros, ou *nodes*, da rede vejam isso e, se for o caso, rejeitem a transação.

Muito tem se falado na mídia sobre o potencial do *Blockchain*, apesar da desconfiança com o *Bitcoin* e as criptomoedas em geral, como se fossem tecnologias independentes e o *Blockchain* tivesse, isoladamente, a capacidade de garantir imutabilidade e segurança, que são os resultados mais admirados dessa tecnologia. No entanto, esses resultados são trazidos pelo protocolo da Rede *Bitcoin*, e não simplesmente pela estrutura do *Blockchain* especificamente.

Isso é decorrência do fato de o protocolo de Satoshi Nakamoto ter resolvido um dilema já conhecido dos estudiosos das redes distribuídas, denominado "dilema dos generais bizantinos", proposto por Marshall Pease, Robert Shostak e Leslie Lamport em 1982. Resumidamente, eles trouxeram a seguinte questão: em uma rede distribuída, isto é, onde não há um centralizador que traz a confiança, como é possível confiar na informação gerada pelos outros membros da rede?

O mecanismo desenvolvido por Satoshi para resolver esse dilema é o método de consenso utilizado pelo protocolo para a validação das transações, chamado de *Proof of Work* (PoW). Se a Rede *Bitcoin* inova ao substituir a confiança do intermediário por tecnologia, podemos afirmar que a PoW é o mecanismo que garante essa confiança.

E como isso funciona? As transações de valores são realizadas dentro da Rede e, a cada dez minutos, aproximadamente, determinados participantes da rede, que são os mineradores, disputam uma prova matemática complexa, baseada em criptografia, e quem encontra a solução correta primeiro adquire o direito de validar as transações realizadas nos últimos dez minutos, formando um bloco que será anexado à cadeia de blocos já validados, por isso o nome "cadeia de blocos".

A própria complexidade da prova matemática que os mineradores realizam é controlada pelo *software* do *Bitcoin*, que, a cada duas semanas, aproximadamente, avalia o tempo médio gasto pelos mineradores no período e faz a calibragem do *software*, para ajustar o nível de dificuldade de forma que os blocos sejam minerados em aproximadamente dez minutos cada.

Para exercer a atividade de mineração e colaborar com a Rede validando as transações, atualmente um minerador precisa ter um equipamento específico e despender, além do esforço computacional, uma grande quantidade de energia elétrica no processo. No início, era possível minerar *Bitcoin* em computadores normais, mas, com o aumento de membros da rede, o nível de dificuldade igualmente aumentou, passando a exigir máquinas mais potentes.

Para entender melhor a prova de trabalho realizada na atividade de mineração na Rede *Bitcoin* e o que ela representa, podemos fazer uma analogia com a construção das pirâmides pelos egípcios. Ao utilizarem alta tecnologia para aquela época, recursos financeiros e humanos enormes para sua construção, os egípcios queriam evidenciar o quanto eram competentes e capazes.

Na Rede *Bitcoin*, ao investirem recursos extrínsecos à rede, ou seja, que têm valor não apenas para a rede, mas para todos em geral, no caso, grande quantidade de energia elétrica e poder computacional, os mineradores demonstram que estão investindo e colaborando com a rede e, portanto, são confiáveis.

Além disso, existe um sistema de incentivos positivos na Rede *Bitcoin*, ou seja, o minerador investe energia e poder computacional para validar as transações visando ao recebimento de incentivo: certa quantidade de novos e recém-emitidos *Bitcoins*, além das taxas de transação, que são pequenos percentuais das operações, pagos pelos usuários em cada transação, para remuneração dos mineradores pela validação dos blocos.

Após a validação de um bloco de transações pelo minerador, o resultado pode ser facilmente conferido pelos demais usuários da rede, garantindo, portanto, o consenso distribuído. Se um minerador invalidar uma transação válida, por exemplo, em uma tentativa de fraude, isso será identificado pelos demais membros da rede, que rejeitarão o bloco desse minerador, abrindo espaço para que outro minerador valide esse bloco e receba o incentivo, enquanto o fraudador apenas gastou energia e esforço computacional à toa.

É isso que torna o *Bitcoin* tão revolucionário, pois o sistema no qual se baseia foi idealizado de forma que torne mais vantajoso economicamente para os membros colaborarem honestamente com a rede do que tentar trapacear.

É importante mencionar que cada criptomoeda tem seu próprio *Blockchain* específico, com sistemas diferentes de consenso e validação de transações. A Rede *Ethereum*, por exemplo, após o *Merge*, passou a adotar a *Proof of Stake*, em vez de

Proof of Work, como método de consenso, onde os mineradores concorrem para validação dos blocos com o quanto de *Ethers* possuem. Os sistemas de consenso é que garantem a segurança e a imutabilidade das redes; por isso, nem todo *Blockchain* é tão seguro quanto o do *Bitcoin*. Isso depende do método de consenso adotado por cada criptomoeda.

Resumindo, a força de um *Blockchain* quanto a sua segurança e imutabilidade está diretamente relacionada ao protocolo de emissão do seu *token* nativo, ou criptomoeda, sendo possível afirmar que um *Blockchain* sem a emissão de um *token* nativo não desfruta da mesma segurança e confiabilidade. Nessa esteira, vemos hoje muitas bases de dados distribuídas sendo chamadas de *Blockchain*, sem o ser.

O fato é que, ao longo destes 14 anos de existência da Rede *Bitcoin*, se descobriu que essa base de dados distribuída, que passou a ser chamada posteriormente de *Blockchain*, pode registrar outras informações que não apenas transações de valores, aproveitando-se dessas características, ou atributos, de segurança e imutabilidade encontradas na Rede.

Outro aspecto muito relevante do *Blockchain* é que cada bloco contém um registro fidedigno de data e hora, que, além de dificultar a manipulação dos blocos, pode ser utilizado como *timestamp*, ou seja, um registro de data e hora para vários tipos de arquivos digitais, gerando um registro público e confiável, sem expor seu conteúdo.

Essa característica fez surgir uma série de diferentes modelos de negócios, basicamente plataformas digitais *on-line*, baseados em diferentes tipos de *Blockchain*, públicos, como do *Bitcoin* ou do *Ethereum*, ou privados, também conhecidos como permissionados. Contudo, apesar de oferecer possibilidades fantásticas, o *Blockchain* não é a solução para todos os problemas nem é a melhor aplicação para todo e qualquer segmento de negócio. Para investigar os possíveis e reais benefícios da adoção dessa tecnologia, é fundamental identificar os aspectos mais importantes do seu negócio e, para que faça sentido a utilização dessa tecnologia, descentralização, imutabilidade e transparência devem estar entre eles, porque, do contrário, talvez uma simples base de dados distribuída, permissionada, com KPI, seja mais adequada.

De qualquer forma, ao longo dos próximos anos, certamente muitas outras aplicações incríveis serão descobertas para o *Blockchain*, principalmente depois da mudança de *mindset* trazida pela descentralização. O *Blockchain* é capaz de garantir às pessoas mais controle, autonomia e privacidade. A Estônia tem demonstrado a cada dia como essa tecnologia pode nos levar a outro nível de organização.

Podemos citar como exemplo nossos registros médicos. Se formos pensar, poucas pessoas podem garantir, com certo grau de certeza, onde estão e quais são especificamente seus registros médicos e por quem são acessados. Na Estônia, os cidadãos podem ter seus registros médicos no *Blockchain* e saber se qualquer pessoa os acessar, podendo, inclusive, processar qualquer autoridade governamental que acesse esses dados sem um motivo justificado para isso.

Os dados financeiros dos cidadãos também podem ser concentrados em uma identidade financeira única, registrada no *Blockchain*, e, ao contrário do que acontece hoje, onde esses dados estão totalmente espalhados com *players* diferentes e as pessoas não têm conhecimento de onde estão, elas que passariam a controlar a disponibilização de tais dados a terceiros. Essa identidade financeira, igualmente, simplificaria e tornaria mais confiáveis os processos de KYC (*Know Your Client*).

Isso sem falar na possibilidade de implementar processos eleitorais, administração e prestação das contas públicas pelo *Blockchain*, de forma rastreável, imutável e transparente para os cidadãos. Trazendo acesso à informação e controle sobre seus dados, é possível fazer algo extremamente significativo em prol da humanidade: diminuir o tamanho do Estado, em prol do cidadão.

O *Blockchain* é uma tecnologia interessante nesse sentido, pois facilita o estabelecimento de novos modelos de governança mais planos, mais transparentes e potencialmente permite uma tomada de decisão mais democrática e participativa. Na minha opinião, um dos principais benefícios do *blockchain* é que ele reduz (ou até elimina) a necessidade de um intermediário. Ao incorporar regras de governança específicas diretamente no blockchain, torna-se possível que as comunidades se auto-organizem e se autogerenciem, transacionando diretamente umas com as outras sem a necessidade de depender de qualquer autoridade centralizada (confiável).[21]

---

[21] "The Blockchain is an interesting technology in that regard, as it facilitates the establishment of new governance models which are flatter, more transparent and potentially allow for more democratic and participatory decision-making. In my view, one of the key benefits of the blockchain is that it reduces (or even eliminates) the need for an intermediary or a middle-man. By incorporating specific governance rules directly into the blockchain, it becomes possible for communities to self-organize and self-manage themselves, transacting directly with one another without the need to rely on any centralized (trusted) authority" (FILIPPI, Primavera De. 100 Women on P2P. *Commons Transition*, 31.07.2015, Disponível em: <http://commonstransition. org>. Acesso em: 23.01.2023).

8. Outros protocolos de consenso

A Prova de Trabalho (*Proof of Work* – PoW) que é utilizada pela Rede *Bitcoin* para validação das transações é o chamado método de consenso da rede, que é o algoritmo desenvolvido para a validação das transações realizadas. Basicamente, esse algoritmo checa duas coisas: se aquela criptomoeda não está sendo usada para dois pagamentos ao mesmo tempo (gasto duplo) e se as assinaturas digitais estão corretas. Cada criptomoeda cria o seu próprio método de consenso, ou seja, nem todas as criptomoedas existentes adotam a prova de trabalho.

Em resumo, a PoW consiste em definir a mineração e a ordenação dos blocos em cadeia. No caso, o minerador, que resolve o cálculo criptográfico, valida e cria o próximo bloco. Para participar do processo de mineração, é necessário ter poder computacional e energia elétrica, pois os cálculos são altamente complexos e demandam máquinas potentes para minerar. É por essa "quebra de criptografia e criação de blocos" que os mineradores são bonificados e vem daí o nome "prova de trabalho".

Outro método de consenso bastante usado é o *Proof of Stake* (PoS), que foi criado com objetivo de trazer mais mineradores para a rede, sem exigir tanta energia elétrica e poder computacional. Esse algoritmo de consenso é baseado na filosofia da "prova de participação", em que aqueles que se propõem a minerar precisam ter uma grande quantidade de criptomoedas nativas da rede em sua posse, para o algoritmo poder sorteá-los para que resolvam os cálculos criptográficos e validem as transações e fechem os blocos, recebendo a bonificação da rede. Quanto mais moedas tiverem, maior a chance de serem sorteados. Redes como *Cardano* e *Ethereum 2.0* adotam PoS como método de consenso.

O método de consenso menos conhecido e utilizado é o *Proof of Capacity* (PoC) – Prova de Capacidade –, que exige do minerador capacidade de armazenamento. Dos citados, o PoC é o menos conhecido, mas é o que consome menos energia e desempenho das máquinas do usuário. Ele segue o mesmo conceito de sorteio do PoS, porém o que permite ao minerador participar do fechamento do bloco é a capacidade de armazenamento no HD da máquina. Quanto mais espaço, mais força, maior a chance de ser sorteado. Trata-se de um método muito específico para plataformas de *streaming* de vídeos, biblioteca de arquivos ou qualquer outro tipo de plataforma de mídias. Um exemplo é a plataforma *SpaceMint*[22].

9. Uso do *blockchain* para registros

Em razão desse *timestamp* garantido pelo *Blockchain*, mencionado no capítulo anterior, é possível utilizá-lo para outras aplicações, inclusive com finalidades jurídicas para prova de autenticidade, como registro de documentos, direitos autorais e assinatura de contratos. Considerando que o *Blockchain* permite registros seguros, confiáveis, contínuos e, principalmente, imutáveis, somado ao *timestamp*, é possível garantir um registro seguro e confiável, com data e hora.

Consequentemente, isso possibilita a utilização do *Blockchain* para produção de registros para várias aplicações, até mesmo uso como prova em ações judiciais. De acordo com o Código de Processo Civil, em seu art. 369, provas são todos os

---

[22] PARK, Sunoo et al. SpaceMint: a Cryptocurrency Based on Proofs of Space. Financial Cryptography and Data Security: 22nd International Conference, FC 2018, Nieuwpoort, Curaçao, 2018. Disponível em: <https://link.springer.com/chapter/10.1007/978-3-662-58387-6_26>. Acesso em: 23.01.2023.

meios legais, bem como os moralmente legítimos, ainda que não especificados, hábeis para provar a verdade dos fatos em que se fundam a ação. À exceção, é claro, quando a lei exige determinado tipo de documento para prova de um fato, como no caso da propriedade imóvel ou de automóvel.

No caso, por exemplo, de uma ação judicial por violação de direitos autorais ocorrida em um *site* na internet. Para comprovar essa violação, a parte poderia se valer de uma ata notarial para demonstrar que, naquele dia e horário, determinado endereço eletrônico apresentava certa imagem. No entanto, é possível produzir esse tipo de comprovação, via *Blockchain*, aproveitando-se justamente do *timestamp,* ou seja, um registro seguro e confiável de que aquele conteúdo foi exibido naquele dia e horário.

Em relação à assinatura de contratos, a Medida Provisória 2.200/2001 dispõe que, se as partes concordarem com o modelo de certificação digital utilizado, ele será válido – inclusive aqueles não emitidos pela ICP-Brasil –, desde que admitido pelas partes como válido ou aceito pela pessoa a quem for oposto o documento. Da mesma forma prevê o Código Civil, ao estabelecer que, se não houver forma prescrita em lei, qualquer manifestação de vontade das partes será válida[23].

Nessa linha, já existem plataformas digitais que disponibilizam serviços como registros de prova de autenticidade, assinatura e certificação, além de registro de direitos autorais e outros tipos, com base em *Blockchain*[24].

---

[23] Art. 107 do Código Civil: "A validade da declaração de vontade não dependerá de forma especial, senão quando a lei expressamente a exigir".

[24] A Plataforma digital brasileira *OriginalMy* surgiu em 2015 utilizando *Blockchain* para registrar a verificar a autenticidade de documentos digitais, contratos e identidade de pessoas, além de possibilitar a assinatura de documentos por meio de aplicativo. Disponível em: <www.originalmy.com>. Acesso em: 23.01.2023.

Parece claro, portanto, que não há qualquer impedimento legal para utilização de provas obtidas por meio desse tipo de tecnologia. No entanto, é importante que o Poder Judiciário se dedique a estudar o assunto, a fim de que não tenhamos decisões judiciais totalmente contrárias ao objetivo da tecnologia, como aquelas que declararam vínculo empregatício dos motoristas com o Uber, por exemplo[25].

10. *Blockchains* públicos e permissionados

Os sistemas de redes distribuídas já eram conhecidos antes de 2009 e da criação do *Bitcoin*. No entanto, a grande diferença trazida pelo *paper* de Satoshi Nakamoto é o método de obtenção de consenso entre os participantes da rede, que, no caso do *Bitcoin*, é a *Proof of Work*, ou Prova de Trabalho.

> A prova de trabalho também resolve o problema de determinar a representação na tomada de decisão da maioria. Se a maioria fosse baseada em um-endereço-IP-um-voto, poderia ser subvertida por qualquer pessoa capaz de alocar muitos IPs. A prova de trabalho é essencialmente uma-CPU-um-voto. A decisão da maioria é representada pela cadeia mais longa, que tem o maior esforço de prova de trabalho investido nela. Se a maior parte da potência da CPU for controlada por nós honestos, a cadeia honesta crescerá mais rapidamente e ultrapassará quaisquer cadeias concorrentes.[26]

---

[25] Decisão da 33ª Vara do Trabalho de Belo Horizonte, pelo juiz Márcio Toledo Gonçalves, em 13.02.2017.

[26] "The proof-of-work also solves the problem of determining representation in majority decision making. If the majority were based on one-IP-address-one-vote, it could be subverted by anyone able to allocate many IPs. Proof-of-work is essentially one-CPU-one-vote. The majority decision is represented by the longest chain, which has the greatest proof-of-work effort invested in it. If a

O método para obtenção do consenso em *Blockchains* de acesso livre, ou públicos, como do *Bitcoin*, em que há o processo de emissão de criptoativos baseado na mineração, é o elemento de maior força para garantir segurança e imutabilidade do *Blockchain*.

Todavia, existem, na verdade, dois tipos de *Blockchain*, ou DLT (*Distributed Ledger Technology*): os públicos, como do *Bitcoin* e do *Ethereum*, que são de livre acesso e à prova de censura, e os privados, também chamados de permissionados, pois exigem permissão de um administrador ou grupo de administradores para participação. No caso dos DLTs permissionados, o método de consenso não é baseado em *Proof of Work*, mas, sim, decidido pelo grupo de administradores, de acordo com seu interesse específico. Em geral, DLTs permissionados não possuem *tokens* nativos, ou criptomoedas.

Dessa forma, as características de segurança e imutabilidade associadas ao *Blockchain* estão intimamente ligadas ao método de consenso para emissão do criptoativo; portanto, são mais facilmente encontráveis em *Blockchains* públicos do que privados. Entretanto, não se desconsidera que *Blockchains* privados tenham sua aplicação em diversos segmentos, sobretudo no que diz respeito a ganhos de produtividade. DLTs fechadas ou permissionadas têm indicação para aplicações onde a publicidade e o livre acesso, principalmente, não são atributos desejados.

O R3, por exemplo, que é um consórcio mundial formado pelos principais bancos, lançou um DLT privado chamado Corda, focado especificamente no segmento financeiro. Trata-se de

---

majority of CPU power is controlled by honest nodes, the honest chain will grow the fastest and outpace any competing chains" (NAKAMOTO, Satoshi. *Bitcoin*: a peer-to-peer electronic cash system. 2008. p. 3. Disponível em: <https://bitcoin.org/bitcoin.pdf>. Acesso em: 03.02.2023).

duas tecnologias distribuídas, mas com arquiteturas totalmente diferente do *Blockchain* do *Bitcoin*. Não é possível ver todas as transações em um registro. Portanto, a visibilidade global não é um recurso da *blockchain* privada do Corda. Qualquer transação entre dois indivíduos ou grupos só será visível para eles e para mais ninguém. No entanto, os usuários que participarão do consenso também poderão vê-los, já que precisam verificar isso em nome do registro.

Já projetos em áreas como *supply chain*, logística, seguro e *health care* são o foco do *Hyperledger*. O Projeto *Hyperledger* é uma iniciativa da Linux Foundation para desenvolver um ecossistema de código aberto de desenvolvimento de *blockchain*. A Linux Foundation visa criar um ambiente no qual comunidades de desenvolvedores de *software* e empresas se reúnam e se coordenem para construir estruturas de *blockchain*. O modelo *Hyperledger* é um projeto multiplataforma e modular.

Existem projetos distintos de *blockchain Hyperledger*, cada qual possuindo características para um modelo específico de solução. Contudo, todos os projetos *Hyperledger* seguem um modelo de desenvolvimento que inclui uma abordagem modular e extensiva, interoperabilidade e ênfase em soluções seguras, com uma abordagem independente de *token* e sem criptomoeda nativa.

É possível argumentar que DLTs privados não sejam tão seguros quanto os públicos, em razão da ausência da auditoria constante pela rede pública por um método de consenso baseado em uma prova criptográfica. Todavia, essa tecnologia tem permitido ganhos de produtividade para certos segmentos de mercado, como o financeiro, por exemplo.

Nesse sentido, não há nada de muito revolucionário na utilização de DLTs privadas, que trazem basicamente ganho de

38 Criptoativos e *Blockchain*: Tecnologia e Regulamentação

produtividade às empresas, ou aos bancos, aumentando, assim, suas margens de lucro, como no caso do Corda. Por isso, uma aplicação efetivamente revolucionária e inovadora do *Blockchain* é mais visível e clara em redes públicas e distribuídas.

11. *Smart contracts*

Nick Szabo, criptógrafo e bacharel em Direito, publicou, em 1996, um artigo chamado "Smart contracts: building blocks for digital free markets", na revista *Extropy*, em que apresentou o conceito dos *smart contracts* e previu os benefícios e os parâmetros do que seria essa tecnologia, capaz de transformar a maneira de executar contratos. No entendimento de Szabo, os *smart contracts* melhoram quatro dos objetivos mais importantes em termos de contrato: verificabilidade, acompanhamento, privacidade e exigibilidade.

> Do direito comum, teoria econômica e das condições contratuais frequentemente encontradas na prática, podemos extrair quatro objetivos básicos do desenho de um contrato. A primeira delas é a observabilidade, a capacidade das partes de observar a *performance* do contrato ou provar seu desempenho para outras partes.[27]

Quando o *Bitcoin* surgiu, em 2008, trazendo a estrutura do *Blockchain*, retomou-se a ideia dos *smart contracts*, que começaram a ser desenvolvidos de forma menos livre no Protocolo da Rede *Bitcoin* e mais avançada na Rede *Ethereum*. Vitalik Buterin, após trabalhar na equipe de desenvolvedores do Bitcoin, enxergou no *Blockchain* uma grande oportunidade para o desenvol-

---

[27] SZABO, Nick. Smart contracts: building blocks for digital markets. *Extropy*, 1996.

vimento dos *smart contracts* e decidiu criar a plataforma *Ethereum*, que utiliza uma linguagem específica chamada *Solidity*, a qual permite maior liberdade de programação do que o *Bitcoin*.

Como Vitalik explicou, no *Blockchain Summit* em DC, em uma abordagem de contrato inteligente, um ativo, ou uma moeda, é transferido para um programa que:

> (...) executa esse código e, em algum momento, ele valida automaticamente uma condição e determina automaticamente se o recurso deve ir para uma pessoa ou de volta para a outra pessoa, ou se deve ser devolvido imediatamente à pessoa que a enviou ou a uma combinação delas.

Além disso, o *Blockchain* também armazena e replica o documento, dando-lhe segurança e imutabilidade.[28]

A ideia é que a automatização por meio de um código de computador garante maior controle sobre a *performance* da obrigação contratada e, ao mesmo tempo, elimina o tempo gasto em seu policiamento. No entanto, ao contrário do que se imagina, nem todos os *smart contracts* são contratos, sob o aspecto legal. Em alguns casos, representam apenas a automação da execução de condições objetivas de um negócio.

Isso significa dizer que não serão em todos os casos que os *smart contracts* poderão substituir os contratos construídos da forma como os conhecemos hoje, mas, ainda assim, poderão garantir a execução automática de algumas de suas cláusulas por meio do *Blockchain*. Desse modo, parece desnecessária e exagerada a preocupação de que os advogados contratualistas serão "substituídos" por programadores em *Blockchain*. Entre-

---

28 ROSIC, Ameer. *Smart contracts*: the Blockchain technology that will replace lawyers. Disponível em: https://blockgeeks.com/guides/smart-contracts/.

tanto, parece factível que será necessário que os advogados se acostumem a trabalhar com eles, que codificarão os contratos elaborados para execução automática por *smart contracts*.

Diante desse conceito, temos que *smart contract* é a execução automática de um contrato, juridicamente constituído ou não, ou mesmo de contratos mais simples, cuja formação pode se dar de forma verbal, mas devendo obedecer à legislação para sua elaboração, não importando que a execução seja manual ou automatizada.

Um exemplo bastante simples de *smart contract* é uma *vending machine*, que, basicamente, implementa um protocolo automático entre vendedor e comprador, no qual, quando uma condição é satisfeita, depositado o valor correspondente na máquina e indicado o código, o produto é liberado para o comprador. Essencialmente, o código de um *smart contract* trabalha sob a condição "se..., então": se algo ocorrer, então a consequência será aquela.

Além disso, o *Blockchain* agrega características muito importantes a essa automatização, como o acompanhamento. A transparência e a rastreabilidade permitidas pelo *Blockchain* autorizam as partes integrantes dessa rede a observar a *performance* do contrato ou mesmo provar seu desempenho para outras partes, garantindo prova de sua execução ou violação.

Contudo, vale esclarecer que as definições de *smart contracts* para técnicos e advogados, certamente, não são as mesmas. Nesse sentido, para fins desta obra, vamos analisar os *smart contracts* que tenham efeitos jurídicos, já que, em termos técnicos, existem *smart contracts* que sequer podem ser considerados contratos sob o aspecto legal. Assim, do ponto de vista jurídico, *smart contract* é a automatização, ou autoexecutabilidade das partes operacionais de um contrato.

É importante considerar que as cláusulas mais operacionais de um contrato são passíveis de serem automatizadas. No entanto, outras cláusulas mais "jurídicas", como a lei aplicável, ou cláusulas subjetivas que exijam interpretação, já não são passíveis de serem inseridas em um *smart contract*. Condições como "serão escolhidas de boa-fé pelas partes", "valores comercialmente razoáveis", seguramente, têm valor e representação jurídica, mas não possuem uma interpretação "sim/não" que possam ser passíveis de codificação.

É inegável que as expressões subjetivas são as que causam maior dificuldade de interpretação na análise de contratos, porém existem situações em que é humanamente impossível prever exatamente as inúmeras possibilidades, a fim de diminuir a subjetividade dos contratos.

Vamos imaginar o exemplo de uma plataforma digital que disponibilize obras musicais de determinados autores para *download* do público mediante pagamento e que os valores já sejam automaticamente distribuídos entre todos os participantes e enviados para suas respectivas carteiras. Certamente, isso pode ser feito por meio de um *smart contract*, em especial com cláusulas referentes a pagamento e distribuição, porém a cláusula de legislação aplicável, por exemplo, entre outras, ainda continuará sendo objeto de um contrato normal. Esse é o modelo de negócio da plataforma *Ujo Music*[29].

Além disso, a legislação brasileira prevê certas exigências a que os contratos devem atender. Nessa esteira, ainda que algumas partes dos contratos possam ser automatizadas por meio de *smart contracts*, tal circunstância não tornará desnecessária, do

---

[29] Disponível em: <https://ujomusic.com/>. Acesso em: 23.01.2023.

ponto de vista legal, a elaboração do contrato em si, com todas as formalidades legais necessárias.

Vamos agora considerar o exemplo de um contrato de financiamento de automóvel, via *smart contract*, em que o pagamento mensal das parcelas é o que permite ao carro funcionar adequadamente. Se uma parcela não for paga até determinada data, um sinal de bloqueio é enviado ao veículo por satélite e ele simplesmente para de funcionar. Com isso, a empresa pode realizar a busca e apreensão do veículo mais facilmente, pois identifica exatamente onde o automóvel foi travado pelo GPS.

Nesse caso, o *smart contract* tem o objetivo apenas de automatizar o pagamento e impossibilitar tecnicamente o uso do carro em caso de não pagamento, para facilitar as medidas que terão que ser tomadas judicialmente. Contudo, como os contratos de financiamento de veículo possuem regras específicas de contratação, para fins de titularidade e documentação, o *smart contract* funcionará basicamente apenas como automatização do pagamento do contrato.

Por outro lado, para contratos sem uma formalidade obrigatória por lei, principalmente aqueles que aceitam até mesmo a forma oral, e que não possuam regras subjetivas de contratação, o *smart contract* pode substituir o contrato "jurídico", como estamos acostumados a ver. No entanto, para que seja possível realizar o *enforcement* judicial desses negócios, é importante que as informações básicas sobre ele – por exemplo, as partes contratantes e sua qualificação – sejam identificáveis.

11.1. Oráculos

Smart contracts não são capazes de, isoladamente, interagir com dados externos ao *Blockchain*. O mecanismo de consenso e segurança do *blockchain* é definido de tal modo que os *smart contracts* não podem se comunicar com fontes de dados externas ao *blockchain*. Dessa forma, o *smart contract* precisa de um *software* ou aplicativo de comunicação, chamado de *middleware*, para obter dados externos. Esse *middleware* é denominado oráculo.

Muitos *smart contracts* requerem informações externas ao *blockchain*, tais como: contratos financeiros, cotações, informações da bolsa de valores, notícias e até dados de outros *blockchains*. Oráculos são provedores de informação externa para *blockchains*, as redes descentralizadas. Os oráculos permitem um grau de funcionalidade muito maior para os *smart contracts*, mas funcionam somente como um portal, trazendo e levando dados. Isso significa que quem repassa esse dado ao oráculo para entrar no *blockchain* é uma entidade externa, automatizada ou não. Tudo que o oráculo faz é obedecer ao *smart contract*, realizando essa busca pela informação no local previamente indicado.

Existem oráculos que buscam a informação por meio da internet, outros que utilizam sensores físicos, além dos oráculos baseados em consenso. Um exemplo mais simples de oráculo e mais utilizado é o acesso às cotações de criptomoedas. O oráculo acessa, mediante a internet, algumas *exchanges*, que podem ou não ser descentralizadas, e solicita a cotação, por exemplo, do *bitcoin* no momento.

O oráculo apenas transporta os dados da internet para o *smart contract*, que faz a validação desses dados. É possível até solicitar dados de diversas *exchanges*, excluindo os dados fora do padrão, buscando, assim, conseguir uma cotação mais fiel.

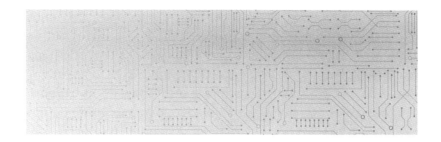

II – Aspectos jurídicos

12. Natureza jurídica dos criptoativos

A definição da natureza jurídica de determinado instituto é sempre o melhor ponto de partida para a análise de seus reflexos legais, mas, para se chegar à natureza jurídica, é necessário esmiuçar as características do instituto em si, e é isso que buscaremos fazer com os criptoativos.

Já vimos que criptoativo é a representação digital de bens e direitos, do mundo físico ou digital, e, nesse sentido, possibilita transação de valores, funcionando, por vezes, como meio de pagamento e/ou reserva de valor, utilizando criptografia como base da segurança e *blockchain* para registro e controle de sua emissão. No entanto, definir sua natureza jurídica não é tarefa trivial.

O *Bitcoin* foi criado para funcionar como um sistema para transação de valores pela internet, de forma direta e sem intermediário, de maneira segura[30]. Ao longo destes mais de 13 anos de existência do *Bitcoin* e com o surgimento de vários outros criptoativos, a definição de sua natureza jurídica tem sido tema recorrente. Trata-se de uma moeda? *Commodity*? Ou um ativo? Como a analogia é um recurso bastante utilizado no Direito, sempre que se está diante de algo novo, para efeitos de definição da natureza jurídica, ela costuma ser o primeiro movimento. Entretanto, em se tratando de uma tecnologia como essa, que chegou quebrando paradigmas, analogia não é suficiente, apesar de ser um início.

A Receita Federal, para efeitos de tributação, foi o primeiro órgão do governo no Brasil a definir "moedas virtuais", como chama, e equipará-las a ativos do tipo financeiros. Contudo, a Comissão de Valores Mobiliários, a CVM, já manifestou publicamente seu entendimento de que criptomoedas não são ativos financeiros[31]. Ou seja, os órgãos reguladores no Brasil estão encontrando grande dificuldade em definir, de forma consistente e tecnicamente fundamentada, a natureza do instituto.

Uma coisa é certa: juridicamente, não se trata de moeda, já que, no Brasil, apenas é considerada moeda aquela de curso forçado, emitida pela autoridade governamental, de acordo com o Decreto 23.501, de 27 de novembro de 1933, que atualmente é o Real.

---

[30]   NAKAMOTO, Satoshi. *Bitcoin*: a peer-to-peer electronic cash system. 2008. Disponível em: <https://bitcoin.org/bitcoin.pdf>. Acesso em: 03.02.2023

[31]   "A área técnica da CVM informa aos administradores e gestores de fundos de investimento que as criptomoedas não podem ser qualificadas como ativos financeiros, para os efeitos do disposto no Artigo 2º, V, da Instrução CVM 555. Por essa razão, não é permitida aquisição direta dessas moedas virtuais pelos fundos de investimento regulados" (ofício enviado pela CVM em 12 de janeiro de 2018 aos diretores responsáveis pela administração e gestão de fundos).

Por isso, defendemos, desde 2018, na primeira edição de *Criptomoedas e* Blockchain*: o direito no mundo digital*[32], que a natureza jurídica dos criptoativos é híbrida, pois muda de acordo com o ativo subjacente que está representando digitalmente, bem como sua utilização, já que acarreta efeitos jurídicos diferentes, a depender disso. Outros países já entenderam nesse mesmo sentido, como o Canadá, por exemplo, que, inclusive, tributa de forma diferente conforme o uso do criptoativo.

Nessa perspectiva, para uma análise sobre a natureza jurídica de um criptoativo, é importante identificar qual o ativo subjacente este representa, pois, dessa identificação, decorrerá sua natureza e, consequentemente, os efeitos jurídicos aplicáveis.

O papel dos operadores do Direito é saber analisar a hipótese de uso para dar o tratamento jurídico mais adequado ao caso concreto, evitando ficar preso aos conceitos já conhecidos e se mantendo aberto para novas classificações para tecnologias que desafiam os conceitos existentes.

Analisando, então, esse aspecto, concluímos que, em razão das características particulares dessa nova tecnologia, é possível falar em um princípio da fungibilidade da natureza jurídica dos criptoativos, em virtude dessa natureza híbrida.

13. Fungibilidade da natureza jurídica dos criptoativos

O fato é que temos, diante de nós, institutos diferentes daqueles com os quais lidamos até agora. Por isso, é necessário fugir dos modelos constituídos. As novas tecnologias, cada vez

---

[32] CAMPOS, Emília Malgueiro. *Criptomoedas e* Blockchain: o direito no mundo digital. Rio de Janeiro: Lumen Juris, 2018.

48 Criptoativos e *Blockchain*: Tecnologia e Regulamentação

mais, não se encaixarão nas definições existentes, que não podem continuar sendo enxergadas como fixas e imutáveis.

Sempre existe uma hora em que é preciso criar conceitos e definições para acompanhar a evolução e, muito provavelmente, estamos em um desses momentos. Nesse sentido, uma das características que considero mais significativa dos criptoativos, sob o aspecto jurídico, é a fungibilidade de sua natureza jurídica.

Vamos considerar o caso de um usuário que compra criptoativos e os mantém esperando uma valorização para simples realização futura, por exemplo. A utilização do ativo está se dando a título de investimento, com intenção de lucro, indicando a função clara de reserva de valor, atribuição de ativo financeiro, ou seja, o criptoativo está representando, digitalmente, um ativo financeiro.

Dessa classificação, decorrem consequências para vários efeitos, vejamos: trata-se de um ativo com atribuição de valor, portanto, deve ser declarado como tal para a Receita Federal, nos termos do que foi esclarecido no caderno de perguntas e respostas da Declaração de Imposto de Renda desde 2016. Como ativo, sua tributação está sujeita às regras do ganho de capital, quando da realização, ou seja, venda. Esse tipo de ativo também pode ser comercializado, doado, transmitido como herança; nesse caso, igualmente comporá a base para a tributação específica de transmissão de bens por sucessão.

Todavia, vejamos agora outra hipótese. Uma empresa decide representar, digitalmente, seu capital social em *tokens* emitidos na Rede *Ethereum* e os *tokens* dão direitos aos sócios de votarem nas reuniões da empresa e ao percentual de dividendos relativo ao número de *tokens* que possuem. Referido *token*, ou criptoativo, tem natureza jurídica de valor mobiliário, e, portanto, sua emissão e seu tratamento devem obedecer à regulamentação existente para tanto, independentemente de esse valor mobiliário estar representado por um *token*.

Uma terceira hipótese é aquela em que o criptoativo é usado como um ativo representativo de um direito dentro da rede. No caso da rede *Ethereum*[33], por exemplo, que possui como criptomoeda nativa o *Ether*, além de poder ser utilizada como criptomoeda, representa um direito para se rodar um *smart contract*[34] dentro da rede *Ethereum*. O uso como exercício de um direito dentro da própria rede não deixa de ser uma forma de pagamento por um serviço. No entanto, como se trata de uma transação realizada integralmente no ambiente distribuído da rede, não podemos falar nas mesmas consequências jurídicas da tomada de um serviço fora dessa rede. Assim, a alocação de *Ethers* realizada dentro da rede, que é distribuída, para operacionalização de um *smart contract*, não está sujeita aos mesmos efeitos jurídicos, principalmente tributários, das operações fora da rede.

Verifica-se, portanto, que fica muito mais fácil – e útil – entender a natureza jurídica dos criptoativos analisando-os sob a perspectiva de sua função, do que pura e simplesmente o instituto em si. É em razão dos pontos anteriormente expostos que, para efeitos de definição da natureza jurídica, defendo a aplicação do princípio da fungibilidade.

Essa distinção também tem impacto no âmbito da regulamentação do tema. Partindo da premissa de que praticamente todos os países têm regulado o tema adaptando-o para submetê-lo aos órgãos reguladores atualmente existentes, analisando-se

---

[33] A Rede *Ethereum* foi criada por Vitalik Buterin em janeiro de 2014. É uma rede descentralizada capaz de executar os *smart contracts*, usando a tecnologia *Blockchain*. Sua criptomoeda é o *Ether* (ETH). Mais informações sobre a Rede *Ethereum* no capítulo 11.

[34] Foi detalhado no capítulo 11.

os criptoativos, sob a perspectiva da utilização como meio de pagamento, é compreensível que se cogite sua regulamentação sob o âmbito do Banco Central, que é o órgão que regula e fiscaliza os arranjos de pagamento. Do mesmo modo, parecem estar sob o âmbito da regulamentação do Banco Central os pagamentos feitos no exterior com criptoativos, que, hoje, são considerados operações de câmbio.

Por outro lado, quando analisamos os criptoativos sob o aspecto da reserva de valor, ou seja, investimento, incluindo aqui a consideração dos criptoativos em fundos de investimento ou quando esses equivalem a valores mobiliários, parece fazer muito mais sentido que a regulamentação nesse aspecto se dê sob o escopo da CVM.

Nesse sentido dispuseram a Lei 14. 478/2022 e o Parecer de Orientação 40 da CVM.

14. Da possibilidade de penhora judicial de criptoativos

Tendo em vista a caracterização jurídica que vem sendo dada ao instituto no Brasil até o momento, e diante da inegável natureza econômica desse ativo, é possível sustentar que, teoricamente, criptoativos podem ser objeto de medidas cautelares como penhora e arrolamento de bens. No entanto, apesar de possíveis, é fato que referidas medidas são de difícil implementação, em razão da própria natureza desse ativo e de que sua custódia pode ser feita exclusivamente pelo seu titular.

A possibilidade de uma penhora depende de como é realizada a custódia das criptomoedas e do fato de esta estar delegada a um terceiro, como uma *exchange* ou um custodiante, por exemplo. Em tese, a custódia é delegada à *exchange* apenas temporariamente, para a realização das operações de compra e venda. Tão logo a operação é realizada, o recomendado é que o usuário retorne suas criptos para a sua própria carteira, a qual apenas ele consegue manusear.

Dessa forma, se uma *exchange* recebe uma ordem judicial para penhora de criptomoedas de um cliente, isso só será possível se esse usuário estiver mantendo suas criptomoedas em custódia com a *exchange*, caso contrário, ainda que esta tenha a informação de que o usuário adquiriu criptos em sua plataforma, ela não terá condições de efetivar a penhora se não estiver com a custódia desses ativos. É importante entender o conceito de que esse tipo de ativo foi criado para ser custodiado pelo próprio titular, sem depender do terceiro intermediador. Então, a melhor solução, sempre, é manter a custódia de suas criptomoedas consigo, delegando-a a terceiros o menor tempo possível, o necessário para a realização das transações de compra e venda.

Mesmo que a maior parte das *exchanges* realize procedimentos de KYC e tenha informações dos clientes sobre sua posição em criptomoedas, o que tornaria mais facilmente exequível uma ordem de penhora, por exemplo, ainda assim, se as criptomoedas não estiverem na carteira virtual da *exchange*, isso não garante a efetividade da medida, pois, apesar de a *exchange* informar o número da chave pública do usuário e a quantidade de *bitcoins* que ele possui, não será possível realizar a penhora, ou mesmo o "congelamento" das criptomoedas, sem a participação do seu titular.

Isso porque a custódia do ativo não está a cargo de qualquer órgão intermediador centralizado que possa atender à decisão judicial de penhora, à revelia da vontade de seu titular. Ademais, criptomoedas podem ser custodiadas de várias formas diferentes, em aplicativos, *pen drives* e até mesmo em papel, o que torna qualquer medida constritiva de difícil aplicação.

Além disso, as *exchanges* não são a única fonte de aquisição desse tipo de ativo. Se uma transação é realizada no formato *peer-to-peer*, por exemplo, entre dois usuários, sem a intermediação de terceiros, é impossível para a autoridade judicial saber até mesmo que o usuário possui criptomoedas, principalmente se elas não foram declaradas pelo usuário na declaração de imposto de renda do ano anterior.

Nesse sentido, ainda que, teoricamente, seja possível a penhora de criptoativos, na prática, trata-se de uma medida de difícil efetivação, por sua própria natureza, e que só será possível se a custódia for delegada a um prestador de serviços. Algumas tentativas já aconteceram nesse sentido, e o Tribunal de Justiça de São Paulo manifestou entendimento de que não há impedimento, em tese, para a penhora de *Bitcoin*, já que se trata de um bem patrimonial.

No entanto, no caso analisado pelo Tribunal, foi negado o pedido de penhora em razão de o peticionário não ter apresentado qualquer indício de que o devedor possuía *bitcoins*. O caso refere-se a uma execução judicial promovida pelo Banco Santander, em que este indicou duas empresas que seriam "operadoras da moeda virtual", porém nenhuma prova foi apresentada no sentido de que o devedor tivesse posição em *bitcoins* em qualquer das empresas, o que ocasionou o indeferimento do pedido[35].

O mesmo pode acontecer em casos que envolvem partilha de bens em dissolução de união estável ou divórcio. Caso o cônjuge não saiba indicar ao juízo as empresas onde o outro cônjuge possa ter criptos em custódia, se esse não trouxer esses ativos

---

[35] "Competia à agravante comprovar a existência dos bens que pretende penhorar, uma vez que não se pode admitir o envio indiscriminado de ofícios sem a presença de indícios mínimos de que os executados sejam titulares dos bens" (Agravo de Instrumento 2202157-35.2017.8.26.0000, 36ª Câmara de Direito Privado do TJSP, relator Milton Paulo de Carvalho Filho, 21.11.2017).

para a relação de bens e partilha, dificilmente será possível ao outro cônjuge fazê-lo.

15. Herança e sucessão de criptoativos

Quanto à sucessão, tendo em vista que o acesso à carteira virtual de *bitcoin* é realizado apenas por meio da combinação de chave pública e privada, na hipótese de o usuário falecer, sem deixar essas informações com alguém, os *bitcoins* simplesmente serão perdidos para sempre. Por outro lado, ao deixar essas informações com alguém, o usuário corre o risco de essa pessoa utilizar esses *bitcoins* mesmo com ele em vida. Como resolver, então, essa questão?

Com a chave pública do falecido, os herdeiros conseguem localizar a carteira, simplesmente para saber que ela existe e o quanto tem nela, porque essas informações estão públicas na *blockchain*, mas sem nunca conseguir acessar seu conteúdo, se não tiverem a chave privada também. Contudo, vamos imaginar que os herdeiros consigam identificar que o falecido possuía uma conta em uma *exchange* e descubram que os *bitcoins* estão em sua custódia. Nessa hipótese, comprovando-se devidamente o falecimento do usuário e o direito dos herdeiros, é possível solicitar, judicialmente, a transferência dos criptoativos.

Em contrapartida, não se descarta a possibilidade de deixar as chaves privadas das carteiras virtuais em um testamento, aos cuidados de um testamenteiro, para revelação aos herdeiros apenas após a morte do usuário, que deverão ter em seu poder as chaves públicas para conseguirem acessar o conteúdo das carteiras.

Também já existem serviços desenhados para questões de herança de ativos digitais, como *C2Legacy*[36].

---

[36] Disponível em: <https://c2legacy.io/>. Acesso em: 23.01.2023.

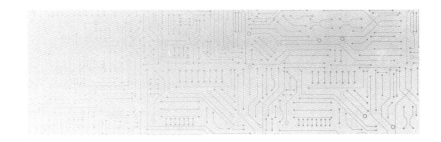

III – Regulamentação

16. A posição do Banco Central do Brasil

A regulamentação específica para os provedores de serviços que envolvem criptoativos é a Lei 14.478/2022, oriunda do PL 4.401/2021, do Deputado Áureo Ribeiro, e publicada em 22.12.2022.

Entretanto, antes disso, a primeira manifestação oficial no País sobre criptomoedas foi do Banco Central do Brasil, por meio do Comunicado 25.306, de 2014, no seguinte sentido: "Esclarece sobre os riscos decorrentes da aquisição das chamadas 'moedas virtuais' ou 'moedas criptografadas' e da realização de transações com elas"[37].

---

[37] "O Banco Central do Brasil esclarece, inicialmente, que as chamadas moedas virtuais não se confundem com a 'moeda eletrônica' de que tratam a Lei nº 12.865, de 9 de outubro de 2013, e sua regulamentação infralegal. Moedas eletrônicas, conforme disciplinadas por esses atos normativos, são recursos

O Comunicado diferenciava o que chamam de "moeda virtual"

armazenados em dispositivo ou sistema eletrônico que permitem ao usuário final efetuar transação de pagamento denominada em moeda nacional. Por sua vez, as chamadas moedas virtuais possuem forma própria de denominação, ou seja, são denominadas em unidade de conta distinta das moedas emitidas por governos soberanos, e não se caracterizam dispositivo ou sistema eletrônico para armazenamento em reais.

2. A utilização das chamadas moedas virtuais e a incidência, sobre elas, de normas aplicáveis aos sistemas financeiro e de pagamentos têm sido temas de debate internacional e de manifestações de autoridades monetárias e de outras autoridades públicas, com poucas conclusões até o momento.

3. As chamadas moedas virtuais não são emitidas nem garantidas por uma autoridade monetária. Algumas são emitidas e intermediadas por entidades não financeiras e outras não têm sequer uma entidade responsável por sua emissão. Em ambos os casos, as entidades e pessoas que emitem ou fazem a intermediação desses ativos virtuais não são reguladas nem supervisionadas por autoridades monetárias de qualquer país.

4. Essas chamadas moedas virtuais não têm garantia de conversão para a moeda oficial, tampouco são garantidos por ativo real de qualquer espécie. O valor de conversão de um ativo conhecido como moeda virtual para moedas emitidas por autoridades monetárias depende da credibilidade e da confiança que os agentes de mercado possuam na aceitação da chamada moeda virtual como meio de troca e das expectativas de sua valorização. Não há, portanto, nenhum mecanismo governamental que garanta o valor em moeda oficial dos instrumentos conhecidos como moedas virtuais, ficando todo o risco de sua aceitação nas mãos dos usuários.

5. Em função do baixo volume de transações, de sua baixa aceitação como meio de troca e da falta de percepção clara sobre sua fidedignidade, a variação dos preços das chamadas moedas virtuais pode ser muito grande e rápida, podendo até mesmo levar à perda total de seu valor.

6. Na mesma linha, a eventual aplicação, por autoridades monetárias de quaisquer países, de medidas prudenciais, coercitivas ou punitivas sobre o uso desses ativos, pode afetar significativamente o preço de tais moedas ou mesmo a capacidade de sua negociação.

7. Além disso, esses instrumentos virtuais podem ser utilizados em atividades ilícitas, o que pode dar ensejo a investigações conduzidas pelas autoridades públicas. Dessa forma, o usuário desses ativos virtuais, ainda que realize transações de boa-fé, pode se ver envolvido nas referidas investigações.

8. Por fim, o armazenamento das chamadas moedas virtuais nas denominadas carteiras eletrônicas apresenta o risco de que o detentor desses ativos sofra perdas patrimoniais decorrentes de ataques de criminosos que atuam no espaço da rede mundial de computadores.

de moeda eletrônica, prevista na Lei 12.865/2013. Nos termos dessa legislação, moeda eletrônica é o recurso armazenado em dispositivo ou sistema eletrônico que permite ao usuário final efetuar transações de pagamentos. Basicamente, é a forma virtual da moeda oficial.

Nessa linha, além de esclarecer que "moedas virtuais" não são consideradas moedas eletrônicas nos termos da respectiva legislação, bem como não são garantidas por qualquer autoridade monetária, o Comunicado do Banco Central ainda menciona, de forma "ameaçadora":

(...)

7. Além disso, esses instrumentos virtuais podem ser utilizados em atividades ilícitas, o que pode dar ensejo a investigações conduzidas pelas autoridades públicas. Dessa forma, o usuário desses ativos virtuais, ainda que realize transações de boa-fé, pode se ver envolvido nas referidas investigações.[38]

No entanto, em 16 de novembro de 2017, o Banco Central emitiu o novo Comunicado 31.379, continuando a se referir, in-

---

9. No Brasil, embora o uso das chamadas moedas virtuais ainda não se tenha mostrado capaz de oferecer riscos ao Sistema Financeiro Nacional, particularmente às transações de pagamentos de varejo (art. 6º, § 4º, da Lei nº 12.685/2013), o Banco Central do Brasil está acompanhando a evolução da utilização de tais instrumentos e as discussões nos foros internacionais sobre a matéria – em especial sobre sua natureza, propriedade e funcionamento –, para fins de adoção de eventuais medidas no âmbito de sua competência legal, se for o caso" (BANCO CENTRAL DO BRASIL. Comunicado 25.306, de 19 de fevereiro de 2014. Esclarece sobre os riscos decorrentes da aquisição das chamadas "moedas virtuais" ou "moedas criptografadas" e da realização de transações com elas. *Diário Oficial da União*: seção 3, Brasília, DF, p. 105, 20.02.2014).

[38] BANCO CENTRAL DO BRASIL. Comunicado 25.306, de 19 de fevereiro de 2014. Esclarece sobre os riscos decorrentes da aquisição das chamadas "moedas virtuais" ou "moedas criptografadas" e da realização de transações com elas. *Diário Oficial da União*: seção 3, Brasília, DF, p. 105, 20.02.2014.

58   Criptoativos e *Blockchain*: Tecnologia e Regulamentação

congruentemente, a moedas virtuais, apesar de já ter esclarecido, no Comunicado anterior, que não se trata de moeda. Nesse dispositivo, além de reforçar as informações do primeiro comunicado, o Banco Central proibiu a utilização das "moedas virtuais" para operações que representem transferências internacionais de valores, mencionando que essas são caracterizadas como câmbio e são de realização exclusiva das instituições autorizadas pelo Banco Central, basicamente bancos, corretoras de câmbio e distribuidores de títulos e valores mobiliários. Confira-se:

(...)

6. É importante ressaltar que as operações com moedas virtuais e com outros instrumentos conexos que impliquem transferências internacionais referenciadas em moedas estrangeiras não afastam a obrigatoriedade de se observar as normas cambiais, em especial a realização de transações exclusivamente por meio de instituições autorizadas pelo Banco Central do Brasil a operar no mercado de câmbio.[39]

Essencialmente, o objetivo de referida proibição é impedir que transações que hoje são realizadas por meio de operações de câmbio, via instituições anteriormente mencionadas, sejam efetivadas com ativos virtuais. Essa medida restringe de forma desnecessária e indevida uma das mais importantes e proveitosas utilizações dessa tecnologia, que é a remessa internacional, desconsiderando os aspectos positivos dos criptoativos nesse ponto, como rapidez, eficiência e baixo custo.

Referida proibição, redigida de forma não muito explicativa, traz várias consequências, que vão desde impedir o pagamento

---

[39]   BANCO CENTRAL DO BRASIL. Comunicado 31.379, de 16 de novembro de 2017. Alerta sobre os riscos decorrentes de operações de guarda e negociação das denominadas moedas virtuais. *Diário Oficial da União*, 17.11.2017.

de compras no exterior com criptomoedas até as operações de arbitragem. A aquisição de um produto comercializado em um *site* no exterior, referenciado em dólar, em cripto, está, em tese, proibida pelo Comunicado, pois o entendimento do Banco Central é de que essa transação só pode ser feita por intermédio das instituições financeiras autorizadas.

Esse é o entendimento que se extrai a partir da leitura combinada do item 6 do Comunicado retro com o art. 132 da Circular 3.691/2013 do Banco Central:

> Art. 132. A aquisição no exterior de bens e serviços por meio de empresas facilitadoras de pagamentos internacionais é permitida somente mediante o uso de cartão de crédito de uso internacional, devendo o emissor observar o disposto no art. 128.[40]

Note-se, contudo, que, nos termos em que foi emitido o Comunicado, se esse mesmo *site* tiver como forma de pagamento exclusivamente criptomoeda, ou seja, se a operação não for referenciada em moeda estrangeira, não estará sob o escopo da vedação do item 6 do Comunicado, pois não se tratará de uma operação de câmbio.

O fato, porém, é que essa situação raramente ocorre, visto que os criptoativos são usados, geralmente, como um meio de pagamento alternativo, mas não como critério de fixação de preço ou valor de produtos ou serviços, dada a sua grande volatilidade.

Todavìa, isso não é só. Vamos imaginar que alguém no Brasil transfira criptos para uma pessoa que está nos Estados Unidos e,

---

[40]   BANCO CENTRAL DO BRASIL. Circular 3.691, de 16 de dezembro de 2013. Regulamenta a Resolução 3.568, de 29 de maio de 2008, que dispõe sobre o mercado de câmbio e dá outras providências. *Diário Oficial da União*: seção 1, Brasília, DF, 17.12.2013

ao receber, o destinatário venda esses criptoativos lá em dólares. De acordo com o item 6 do Comunicado do Bacen, essa operação poderia ser equiparada a uma operação de "dólar a cabo", que é proibida, pois implicaria transferência de recursos "do" e "para" o exterior por empresas e/ou pessoas não autorizadas pelo Banco Central a realizar operações de câmbio e/ou fora dos mecanismos oficiais de registro e controle.

No entanto, se, em vez de vender os criptoativos em dólar, o receptor decidir mantê-los em cripto, já não é possível falar em operação de câmbio, pois criptomoeda não se equipara a moeda estrangeira, mas a ativo.

O fato é que a Lei 14.478/2022 determinou que o Poder Executivo indique a autoridade que estará a cargo da regulamentação infralegal dos prestadores de serviços com criptoativos, e acredita-se que será o Banco Central do Brasil, o qual deverá editar a regulamentação. Espera-se que essa questão do item 6 do Comunicado seja melhor esclarecida e definida.

16.1. A questão da arbitragem de criptomoedas

Outra operação que, em tese, é afetada pelo conteúdo do item 6 do Comunicado 31.379/2017 do Bacen é a chamada "arbitragem". Arbitragem, no mercado financeiro e em Economia, é uma operação de compra e venda de valores negociáveis, realizada com o objetivo de ganhos econômicos sobre a diferença de preços existente, para um mesmo ativo, entre dois mercados. É fato que o *Bitcoin*, por exemplo, possui cotações diferentes em vários países, e o Brasil possui uma das cotações mais altas do mundo. Assim, imaginemos uma operação de remessa de valores aos Estados Unidos, por exemplo, para uma corretora especializada em criptomoedas, e vamos comentar as possibilidades.

III – Regulamentação 61

A remessa de numerário ao exterior é permitida no Brasil e realizada por meio de uma operação de câmbio, mediante uma instituição financeira, sob o código "remessa para disponibilidade no Exterior". Vamos imaginar, com valores meramente exemplificativos, que uma pessoa envie R$ 100,00 ao exterior, por meio de uma operação de câmbio regular por um banco, para uma *exchange* especializada em criptos nos Estados Unidos, para a compra de 2 *bitcoins* pela cotação de USD 50.00.

Como a cotação do *Bitcoin* nos Estados Unidos tende a ser menor que a do Brasil, na maior parte do tempo, a operação de arbitragem consiste em vender os 2 *bitcoins* comprados por USD 50.00 nos EUA em uma corretora especializada no Brasil e obter uma receita de R$ 150,00, lucrando, dessa forma, com a diferença da cotação da criptomoeda entre os dois países, já que a realização em reais traz um rendimento para a transação de modo geral.

Em termos de tributação, esta incidirá sobre o ganho de capital de R$ 50,00 obtido com a venda do ativo adquirido com moeda estrangeira disponibilizada no exterior. Dessa forma, temos que:

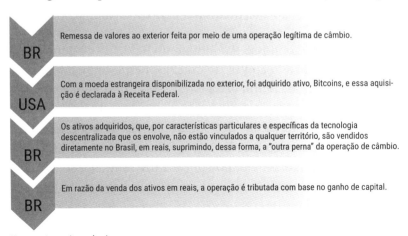

Fonte: Autoria própria

62 Criptoativos e *Blockchain*: Tecnologia e Regulamentação

No entanto, analisando-se mais detalhadamente essa transação, temos que o único imposto que não é pago é o IOF[41]. Assim, não há que se falar que o objetivo dessa transação é a evasão de divisas, pois ela foi inteiramente comunicada às autoridades e foi tributado o ganho de capital total na venda do ativo no exterior. Além disso, como se pode pensar em evasão de divisas se a operação de arbitragem faz que mais reais entrem no país do que os que saíram?

Ademais, quando analisamos o teor do art. 22 da Lei dos Crimes contra o Sistema Financeiro[42], temos que o aspecto fundamental para caracterização do crime de realização de câmbio não autorizado é a finalidade específica de promover evasão de divisas.

Art. 22. Efetuar operação de câmbio não autorizada, com o fim de promover evasão de divisas do País

Pena – Reclusão, de 2 (dois) a 6 (seis) anos, e multa.

Parágrafo único. Incorre na mesma pena quem, a qualquer título, promove, sem autorização legal, a saída de moeda ou divisa para o exterior, ou nele mantiver depósitos não declarados à repartição federal competente.

Nesse sentido, nosso entendimento é de que a operação de arbitragem realizada conforme anteriormente mencionado, ou seja, devidamente comunicada e tributada, não implica evasão de divisas e não estaria, portanto, no espectro de proibição do item 6 do Comunicado 31.379 do Bacen. Isso porque a supressão de uma operação de câmbio, qual seja, a do "retorno" do valor da venda do bem adquirido com moeda estrangeira no

---

[41]   Imposto sobre Operações Financeiras – IOF.

[42]   Lei 7.492, de 16 de junho de 1986.

exterior, só não é realizada por uma operação de câmbio em razão da própria natureza do ativo, que é global e descentralizado, sendo virtual e não estando sujeito juridicamente a uma jurisdição específica.

Não é simplesmente uma transação realizada para suprimir "intencionalmente" a operação de câmbio, mas, sim, trata-se de uma inovação que permite uma nova forma de transação, trazendo uma opção ao cidadão, e, por isso, merece ser tratada adequadamente no âmbito jurídico e incorporada, da melhor maneira, à legislação existente, e não meramente rechaçada pelo regulador pela estranheza com a nova tecnologia. A simples comunicação de um câmbio simbólico, por exemplo, poderia resolver a questão do pagamento do IOF. Desse modo, no nosso entendimento, a manifestação do Banco Central foi precipitada, não suficientemente clara quanto à sua extensão, além de padecer de uma grande dificuldade de *enforcement*, pois não existe uma forma factível de controle da jurisdição do titular de uma carteira de *bitcoin*, em uma transação *peer-to-peer*[43], o que acaba por prejudicar a credibilidade do regulador, em seu papel fiscalizador.

Vamos agora abordar outra situação. Uma transação realizada por uma pessoa que transfere *bitcoins* para outra pessoa residente no exterior. Essa operação pode ser enquadrada na proibição do último Comunicado? Entendemos que não, pois essa operação não é referenciada em moeda estrangeira, mas apenas em criptomoeda, não configurando uma operação de câmbio. Ademais, conforme já mencionamos, em razão da descentralização, criptomoeda é um ativo global, não ligado a qualquer jurisdição específica.

---

[43] Pessoa a pessoa, sem a intermediação de uma *exchange* que, em tese, tem como identificar se a carteira receptora é de uma *exchange* no exterior.

64 Criptoativos e *Blockchain*: Tecnologia e Regulamentação

Por outro lado, a remessa de reais para uma conta bancária no exterior para aquisição de "moedas virtuais" em uma *exchange* estrangeira trata-se de uma operação de câmbio normal, independentemente do motivo, que, no caso, é remessa para disponibilidade no exterior para aquisição de ativo, devendo ser feita por uma instituição autorizada pelo Banco Central.

Assim, o conceito a ser utilizado, em nosso entendimento, deve ser o da operação estar ou não referenciada em moeda estrangeira. Sendo a transação realizada inteiramente em criptomoedas, não há que se falar na aplicação da regra do Comunicado, porque este só se aplica no tangenciamento da criptomoeda com o sistema cambial e financeiro tradicional.

Além disso, é possível notar um evidente traço depreciativo e de desestímulo ao uso das criptomoedas no Comunicado 31.379 do Banco Central, seja no tom do texto, seja em seu conteúdo, ao mencionar, por exemplo, que as empresas que negociam ou guardam as "moedas virtuais" não são reguladas, autorizadas ou supervisionadas pelo órgão, bem como por não haver, "no arcabouço legal e regulatório relacionado com o Sistema Financeiro Nacional, dispositivo específico sobre moedas virtuais. O Banco Central do Brasil, particularmente, não regula nem supervisiona operações com moedas virtuais"[44].

Não se trata, porém, de uma área sem qualquer legislação aplicável apenas porque não é regulada pelo Banco Central. Aliás, o Comunicado omitiu-se sobre como outros países estão encaminhando o assunto, ao mencionar que "não foi identifi-

---

[44] BANCO CENTRAL DO BRASIL. Comunicado 31.379, de 16 de novembro de 2017. Alerta sobre os riscos decorrentes de operações de guarda e negociação das denominadas moedas virtuais. *Diário Oficial da União*, 17.11.2017.

cada, até a presente data, pelos organismos internacionais, a necessidade de regulamentação desses ativos"[45].

A verdade é que vários países já iniciaram esse processo. O Japão, por exemplo, desde 2016, vem trabalhando na regulamentação, tendo aprovado em abril de 2017 o *Bitcoin* como meio de pagamento autorizado no país, bem como licenciando diversas *exchanges* especializadas para operação por meio da agência financeira oficial. E o mais interessante é ter feito isso mediante um processo de autorregulamentação.

17. A posição da CVM

Em 11 de outubro de 2022, a CVM publicou o Parecer de Orientação 40 sobre criptoativos para o mercado de valores mobiliários, limitando-se apenas a consolidar os entendimentos, que vinha tendo ao longo do tempo sobre o tema, de forma organizada, o que, certamente, facilitará o estudo, a pesquisa e a referência ao assunto.

A CVM optou pelo uso da terminologia "criptoativos", em vez de "ativos virtuais", acertadamente, em nosso entendimento, definindo-os como ativos representados digitalmente e protegidos por criptografia, cujas transações são executadas e armazenadas por meio de tecnologias de registros distribuídos. O Parecer também esclarece sua aplicabilidade e seu limite de atuação, dizendo respeito apenas aos criptoativos que representem valores mobiliários. Seu objetivo é garantir maior previsibilidade e segurança, nada impedindo que aconteçam modifica-

---

[45] BANCO CENTRAL DO BRASIL. Comunicado 31.379, de 16 de novembro de 2017. Alerta sobre os riscos decorrentes de operações de guarda e negociação das denominadas moedas virtuais. *Diário Oficial da União*, 17.11.2017.

ções posteriores, no caso de novas legislações específicas sobre a matéria e o próprio desenvolvimento da tecnologia.

O Parecer esclarece que, não importa o uso de determinada tecnologia, se um ativo representar ou tiver a função de um valor mobiliário, digital ou não, estará sujeito à regulamentação específica. Nesse caso, não é a tecnologia que está sujeita à regulamentação, mas o ativo subjacente. Ainda que se esteja tratando de um mercado que lide com uma nova tecnologia, serviços já conhecidos no mercado financeiro tradicional também são prestados por empresas nesse segmento, como intermediação, custódia, registro, compensação, liquidação, e estes também estarão sujeitos à regulamentação aplicável a essas atividades quando se relacionarem a valores mobiliários.

Para efeitos do Parecer, a CVM adotou uma taxonomia específica e simplificada, que orientará o tratamento jurídico, seguindo as seguintes categorias:

(i) **Token de pagamento** – busca replicar as funções da moeda. Nesse caso, a definição trazida pela CVM não nos parece totalmente adequada, pois os *tokens* de pagamento se prestam a servir como meio de pagamento apenas, e não como moeda, em todas as suas funções.

(ii) **Token de utilidade** – utilizado para adquirir ou acessar produtos ou serviços;

(iii) **Token referenciado a ativo** – representa um ou mais ativos, tangíveis ou intangíveis, como os *security tokens*, as *stablecoins* e os NFTs.

O Parecer já informa que a classificação anterior não é taxativa ou estanque, bem como que os *tokens* referenciados a ativos podem ou não representar um valor mobiliário, a depender do ativo subjacente representado.

Esse entendimento confirma a teoria que defendemos desde a primeira edição do nosso livro, em 2018, que denominamos como "princípio da fungibilidade dos criptoativos". Nesse sentido, para se saber qual a natureza dos *tokens* referenciados a ativos, é importante analisar caso a caso, o papel desempenhado pelo *token* no projeto.

Quando determinado criptoativo representa um valor mobiliário, o emissor e demais agentes envolvidos estão obrigados a cumprir as regras do mercado de valores mobiliários e podem estar sujeitos à regulação da CVM. Isso pode acontecer em duas situações: (i) quando o criptoativo representar qualquer dos valores mobiliários previstos no rol taxativo do art. 2º da Lei 6.385/1976 e/ou na Lei 14.430/2022; ou (ii) quando se enquadrar no conceito de contrato de investimento coletivo (inciso IX do art. 2º da Lei 6.385/1976).

É importante esclarecer que o conceito de contrato de investimento coletivo é bastante aberto e foi inspirado em um precedente da Suprema Corte dos EUA, de onde se extraiu o "Teste de Howey", utilizado tanto pela SEC quanto pela CVM para aferir se um ativo é ou não um valor mobiliário nessa modalidade. Todavia, apesar de se basear na doutrina e jurisprudência americana, a CVM argumenta que pode ter entendimentos diferenciados dos da SEC americana, uma vez que, não obstante a origem e a inspiração, isso não determina identidade conceitual e interpretativa. Na prática, isso significa que nem sempre dá para prever o entendimento que será adotado pelo órgão, onde existe um grau de discricionariedade e subjetividade maior do que o desejado.

Atualmente, o Colegiado da CVM vem considerando as seguintes características como determinantes para definir se algum ativo é ou não um contrato de investimento coletivo:

68 Criptoativos e *Blockchain*: Tecnologia e Regulamentação

(i) representar um **investimento**, aporte em dinheiro ou bem econômico;

(ii) ser **formalizado** por um título ou contrato, independentemente de forma específica, entre o investidor e o ofertante;

(iii) expectativa/promessa de **remuneração** ou benefício econômico decorrente de participação, parceria, remuneração ou até prestação de serviços, relacionados ao sucesso da atividade a seguir;

(iv) **esforço** do empreendedor ou de terceiros – benefício econômico resulta da atuação preponderante de terceiro que não o investidor;

(v) **oferta pública**, esforço de captação de recursos junto à poupança popular.

17.1. *Expectativa de benefício econômico*

Em relação a esse ponto do "Teste de Howey", é importante mencionar que esse benefício deve resultar diretamente do resultado do empreendimento, ou dos esforços do empreendedor ou de terceiros, e não de fatores externos, que fogem ao domínio do empreendedor, como uma valorização normal do mercado, decorrente da lei da oferta e procura, por exemplo. A CVM esclarece que *tokens* que estabeleçam direito de participação nos resultados do empreendimento, recebimento de dividendos, acordos de remuneração, por exemplo, terão preenchido esse requisito.

Aplicado aos projetos de *tokens* especificamente, fica aqui a dúvida se a queima (*burn*) programada de *tokens* pelo ofertante, com objetivo de reduzir a oferta e, consequentemente, aumentar o valor destes, aumentando, por conseguinte, a remuneração dos *tokens holders*, pode ser considerada pela CVM como preenchedora desse requisito do "Teste de Howey".

17.2. A questão da oferta pública

A oferta pública de valores mobiliários tem previsão legal específica.[46] Além disso, como os projetos de criptoativos costumam ser realizados sempre pela internet e de forma globalizada, sem limitação de jurisdição, os Pareceres de Orientação da CVM 32 e 33, de 2005, também se aplicam, pois tratam, respectivamente, sobre (i) o uso da internet em ofertas de valores mobiliários e na intermediação de operações; e (ii) a intermediação de operações e oferta de valores mobiliários emitidos à negociação em outras jurisdições.

No entanto, apesar de a Oferta Pública possuir definição específica na regulamentação, o fato é que não existe uma definição legal de oferta privada, que não exige autorização da CVM para realização. Esse aspecto, que é bastante delicado, é abordado no Parecer de Orientação 40, no qual a CVM aponta que a exibição de página contendo ofertas de *tokens* que representem valores mobiliários apenas para usuários identificados por *login* e senha, embora esse seja um mecanismo de prevenção mencionado no Parecer de Orientação 32/2005, não obrigatoriamente implica uma oferta privada. Ou seja, esse aspecto específico é deixado totalmente ao critério discricionário da CVM, no caso concreto, para decidir se se trata de uma oferta pública ou privada de valor mobiliário.

Vale destacar o trecho do Parecer de Orientação 40 sobre esse ponto:

> Nesse sentido, a existência de mecanismos de prevenção de acesso a páginas contendo ofertas de valores mobiliários e a inexistência de divulgação específica sobre

---

46 Leis 6.404/1976 e 6.385/1976 e Resolução CVM 160/2022.

70   Criptoativos e *Blockchain*: Tecnologia e Regulamentação

uma oferta, isoladamente, não têm o condão de afastar o caráter público de uma oferta. Devem ser levados em consideração outros aspectos do caso concreto para avaliar a efetividade da medida, tais como o número de investidores alcançados e o número de subscritores, entre outros.

O Parecer 40 também aborda expressamente os derivativos de criptoativos, que configuram valor mobiliário por expressa disposição legal (derivativos). Igualmente, aborda a questão das ofertas públicas de *tokens* que representam valores mobiliários realizadas por empresas estrangeiras para residentes no Brasil, as quais precisam de autorização da CVM, além do registro da empresa no território brasileiro.

Por fim, a CVM informa que adota o princípio da ampla e adequada divulgação, prestigiando a transparência em relação aos criptoativos. O sistema de divulgação de informação é um instrumento destinado a atingir a finalidade de que os investidores possam decidir de modo esclarecido, por seu próprio juízo de mérito.

18. *Token offering*

Token offering, também chamada, inicialmente, de *Initial Coin Offering*, ou ICO, é um mecanismo que se desenvolveu fortemente com o crescimento das diferentes aplicações para a tecnologia do *Blockchain* e, mesmo antes do término de 2017, já havia superado os investimentos de *Venture Capital* na área de tecnologia. O nome remete ao IPO, ou *Initial Public Offering*, que é a oferta pública inicial de ações, mas não parece ser o nome mais adequado, já que o objetivo do ICO não é apenas a distribuição de *token* que represente participação em empresa, apesar de poder ser uma das formas de participação.

Por essa razão, entendemos que o nome *Token Offering* ou *Token Sale* define melhor o mecanismo, mas também são utilizadas as denominações *Initial Token Offering* e *Token Generation Event*, e outros mais específicos a depender do tipo de *token* emitido, como *Security Token Offering* e, mais recentemente, o *Initial Exchange Offering* (IEO).

O primeiro ICO foi realizado em 2013 pela Mastercoin e, em 2014, tivemos o ICO da rede *Ethereum*, que arrecadou USD 2,3 milhões nas primeiras 12 horas. Em 2016, o ICO da Lykke Corp, baseado no *Blockchain* do *Bitcoin*, arrecadou USD 1,2 milhão, com uma avaliação de aproximadamente USD 55 milhões[47]. De acordo com o *Cointelegraph*, empresas angariaram cerca de USD 6 bilhões por meio de ICOs em 2017, e 37% desse valor corresponde a 20 ICOs.

Token sale, ou ICO, é um modelo descentralizado de levantamento de fundos para novos projetos relacionados, em geral, a criptoativos, baseados em *Blockchain*, a partir da oferta pública de *tokens* para venda. Em vez de se colocarem à venda aos investidores ações de uma empresa, disponibilizam-se unidades de um *token* digital, que são adquiridos com outra criptomoeda, em geral *Bitcoin* ou *Ether*, mas nada impede que seja usado outro meio de pagamento, como moedas oficiais[48]. A própria plataforma *Ethereum* é exemplo de um *token sale*, ou ICO, bem-sucedido, ainda que não tenha sido o primeiro.

---

[47] SIEGEL, David. Equity token finance. *HackerNoon*, 20.10.2017. Disponível em: <https://hackernoon.com/equity-token-finance-1eeeb14f20f8>. Acesso em: 24.01.2023.

[48] *Link* de um ICO que recebe pagamento também em dólares. Disponível em: <https://s3-us-west-2.amazonaws.com/scienceblockchainlogo/ScienceBlockChainOM.pdf>. Acesso em: 24.01.2023.

72 Criptoativos e *Blockchain*: Tecnologia e Regulamentação

Apesar de o mecanismo ser uma excelente forma de captação de recursos para novos projetos, a verdade é que existem inúmeros ICOs que não possuem valor e que são verdadeiros "tiros no escuro", sem qualquer conteúdo que dê suporte às promessas realizadas. Por isso, é fundamental a análise aprofundada do projeto antes de validá-lo juridicamente, ou mesmo decidir se nele investir.

Um *token sale* se inicia com a disponibilização ao público de um *white paper* que traz a descrição do projeto, seus objetivos, cronograma, o time envolvido e sua experiência, a tecnologia que dará suporte à etapa de *funding* e ao próprio projeto, e as informações financeiras respectivas. É também recomendável a divulgação pública da alocação de *tokens* de pré-venda à equipe fundadora do projeto pela sua criação.

O projeto de divulgação e *marketing* do *token sale*, realmente, merece bastante atenção e investimento. Quanto mais eficaz for esse trabalho e, consequentemente, a disponibilização dos *tokens*, melhor, porque, aumentando-se o número de usuários e investidores, a rede cresce, o que acarreta aumento na procura pelos *tokens*, aumentando também seu valor.

18.1. Regulamentação dos token sales

Cada país tem regulado as emissões públicas de *tokens* de forma diferente. A China e a Coreia do Sul, por exemplo, proibiram sua realização dentro dos respectivos territórios. Os Estados Unidos possuem regras bastante restritas para sua realização, principalmente quando envolvem *tokens* que tenham natureza de valor mobiliário, ou seja, *tokens* do tipo *security*. Após os Estados Unidos se posicionarem nesse sentido, vários outros países, como Canadá, Austrália, França e Singapura, passaram a adotar orientação semelhante.

Entretanto, quanto à realização de um ICO, qual legislação deve ser observada? A de onde o ICO irá acontecer ou a de onde estão os seus investidores? Em se tratando de projetos em redes globais, é necessário que todos estejam efetivamente conectados a uma jurisdição, ainda que apenas para efeitos de regulamentação?

De fato, atualmente, a legislação a ser observada, em tese, é a da sede da ofertante, isto é, onde a oferta será realizada, e não onde estão os investidores. No entanto, é importante observar que mesmo um ICO realizado no exterior, caso seja publicamente oferecido e comercializado em outro país, deverá contar com o registro perante a autoridade de valores mobiliários local.

Assim, dentro da estratégia de divulgação e *marketing* de uma oferta pública de *tokens*, é fundamental analisar a regulamentação dos países onde se pretende realizar a divulgação e oferta, principalmente quando têm natureza de valor mobiliário, ou seja, do tipo *security*, pois tal fato pode implicar a necessidade de obtenção de autorização das autoridades de valores mobiliários locais.

Por outro lado, seria possível argumentar que, em se tratando de organizações distribuídas globalmente, investidores e participantes não teriam que se prender a uma ou outra jurisdição específica, e sim submeterem-se única e exclusivamente às suas próprias regras. Como se vê, a questão da jurisdição em contraponto à rede global e distribuída parece deslocada e fora de contexto.

Alguns países têm se destacado, criando um ambiente de negócios e regulamentação extremamente favorável para o desenvolvimento de criptomoedas e a realização de ofertas de *tokens*, como a Suíça, onde o cantão de Zug vem sendo chamado de Crypto Valley, com conexões ativas com centros internacionais de inovação em *Blockchain* em Londres, Singapura e Vale do Silício.

Estados Unidos

Até julho de 2017, a Security Exchange Commission (SEC), autoridade de valores mobiliários americana, não havia se manifestado ainda sobre ICOs. E foi no famoso caso do ICO da The DAO, a primeira *Descentralized Autonomous Organization*, termo usado para identificar uma organização autônoma descentralizada, digital, que existe e funciona com base em um *smart contract* – um código de computador registrado em *Blockchain* –, que a SEC fez sua primeira investigação em ICO e decidiu que houve descumprimento da legislação respectiva (*Act of 1934*).

Em 25 de julho de 2017[49], a SEC proferiu o Relatório 81.207 sobre o ICO da The DAO, que ocorreu entre abril e maio de 2016 e vendeu aproximadamente USD 150 milhões em *tokens* DAO, comprados pelos investidores com *Ether* (criptoativo da plataforma *Ethereum*), onde foi programado o *smart contract* do ICO. Os *tokens* DAO permitiam aos seus detentores participarem de votações e receberem remuneração sobre os projetos da plataforma. Após o período de oferta inicial, os *tokens* DAO passariam a ser transacionados também no mercado secundário, ou seja, por *exchanges* de criptomoedas.

Após sua análise, a SEC concluiu que os *tokens* DAO são valores mobiliários, pois o ICO é um tipo de contrato de investimento em dinheiro, com expectativa de lucro, derivado do esforço de terceiros, preenchendo, portanto, os requisitos do chamado Teste de Howey. Nesse sentido, o ICO deveria ter sido submetido a registro e aprovação da SEC.

---

[49] U.S. Securities and Exchange Commission. *Report of Investigation Pursuant to Section 21(a) of the Securities Exchange Act of 1934*: The DAO. Release n. 81207, 25.07.2017. Disponível em: <www.sec.gov/litigation/investreport/34-81207.pdf>. Acesso em: 24.01.2023.

III – Regulamentação **75**

O Teste de Howey surgiu de uma decisão da Suprema Corte Americana em um caso da SEC contra W.J. Howey Co., de 1946, em que se decidiu que, para ser considerado um valor mobiliário, o título deve preencher as seguintes condições:

1. ser um instrumento destinado a investimento de recursos;
2. ser um investimento coletivo;
3. haver expectativa de lucro que decorra dos esforços de terceiros, e não do investidor.

Preenchidos os requisitos anteriores, é possível sustentar que se está diante de um valor mobiliário e a SEC vem utilizando essa tese para análise de todos os ICOs oferecidos aos investidores em seu território, o que torna bastante restrita a aplicação da tecnologia para esse modelo de negócios nos EUA, com base em *tokens* do tipo *security*.

Contudo, a SEC entende que, mesmo em um ICO com *token* do tipo *utility*, este poderá ser considerado um valor mobiliário se configurar uma forma de investimento. Nesse sentido, se o ICO for referente a uma plataforma ainda não operacional e os *tokens* não puderem ser utilizados para obtenção de serviços pelos adquirentes logo após sua aquisição, esta terá a característica de investimento e, portanto, esse ICO deverá atender às regras e ser autorizado pela SEC.

A SEC já emitiu algumas ordens de suspensão de ICOs por irregularidade na oferta de *tokens*, tais como as ofertas do First Bitcoin Capital Corp, CIAO Group, Strategic Global e Sunshine Capital[50].

---

[50] U.S. Securities and Exchange Commission. Investor Alert: Public Companies Making ICO-Related Claims. Investor.gov, 28.08.2017 Disponível em: <www.investor.gov/additional-resources/news-alerts/alerts-bulletins/investor-alert-public-companies-making-ico-related>. Acesso em: 24.01.2023.

Vemos que o entendimento da SEC tem sido bastante restritivo e basicamente apenas o *Bitcoin* foi considerado como não sendo um *token* do tipo *security*.

Brasil

O Brasil, por meio de uma nota oficial da CVM[51] e do Parecer de Orientação 40, no mesmo sentido do que decidiram os Estados Unidos, definiu que os ICOs estão sujeitos à sua análise quando representam oferta pública de valores mobiliários. De acordo com a CVM, os *tokens* podem ser considerados valores mobiliários dependendo do contexto de sua emissão. Nesse aspecto, quanto aos tipos de *tokens* e entendimento da CVM, fazemos referência ao capítulo 16.

Todavia, a definição de valor mobiliário contida no inciso IX do art. 2º da Lei 6.385/1976 não é das mais simples e, para facilitar esse entendimento, recomenda-se também a aplicação do Teste de Howey. Os elementos do Teste de Howey foram incorporados à legislação brasileira por meio do art. 1º da Lei 10.198/2001. Portanto, se uma oferta pública de *tokens* puder ser caracterizada como oferta pública de valor mobiliário e não tiver sido submetida à análise da CVM, poderá ser considerada irregular e sujeita às sanções e penalidades aplicáveis. Infelizmente, a complexidade do procedimento perante a CVM parece em descompasso com o espírito e a dinâmica do *token sale*.

Outro aspecto delicado da Nota e Parecer de Orientação da CVM é a determinação de que as plataformas específicas de negociação de moedas virtuais, ou *"exchanges* de criptomoedas", não podem negociar os *tokens* digitais dos ICOs, já que não são autorizadas pela CVM para negociação de valores mobiliários.

---

[51] Comissão de Valores Mobiliários, de 11.10.2017.

Com essa disposição, tem-se a situação de os *tokens* digitais serem comercializados somente nos mercados regulamentados de bolsa e balcão, o que não tem muito sentido, em se tratando de ativos tão específicos e já com *players* especializados, que serão excluídos desse mercado emergente, em detrimento de *players* financeiros tradicionais. Espera-se, com a nova regulamentação, que as *exchanges* sejam autorizadas a transacionar *tokens* desse tipo, após um devido processo de aprovação.

Desse modo, a realização de *token sales* de *utility tokens* parece ser mais viável no Brasil neste momento, de acordo com o estágio de amadurecimento desse mercado, em contraposição à restritiva regulamentação no que diz respeito aos *token sales* do tipo *security*. Até a data da edição desta obra, não há informação de qualquer ICO aprovado pela CVM.

Esperamos que a prática do dia a dia demonstre que é improdutivo regulamentar uma tecnologia tão inovadora e disruptiva nos mesmos moldes do que conhecemos hoje. É como querer colocar bolas dentro de caixas, nunca vai se amoldar perfeitamente, porque há formas diferentes. Ter um novo olhar sobre essas tecnologias, a fim de irmos nos adaptando e evoluindo com ela, é fundamental e, certamente, mais produtivo.

19. A Lei 14.478/2022

19.1. O processo legislativo

A primeira tentativa de regulamentação desse setor no Brasil foi um projeto de lei[52] de 2015 que pretendeu regulamentar as "moedas virtuais" como arranjo de pagamento, sob a super-

---

[52] PL 2.303/2015, do Deputado Aureo Ribeiro (Solidariedade/RJ).

visão do Banco Central. Em sua exposição de motivos, o Projeto menciona que acredita que tanto o Banco Central como o Conselho de Controle de Atividades Financeiras e os órgãos do consumidor já têm competência para fiscalizar e regular moedas virtuais, mas a regulação deixaria o assunto mais claro.

Audiências públicas foram realizadas na Câmara dos Deputados com a participação de diversos especialistas convidados para esclarecer o tema, tendo esta autora participado de uma delas, inclusive[53], com o objetivo de identificar a real necessidade de uma regulamentação, bem como se a proposta existente seria a ideal.

No final de dezembro de 2017, foi recebido, com surpresa, o Projeto substitutivo ao Projeto de Lei 2.303/2015, apresentado pelo Relator da Comissão, o Deputado Expedito Netto, do PSD de Rondônia.

Em seu voto, o Deputado afirma:

> (...) naquilo que diz respeito às moedas virtuais, digitais ou criptomoedas, decidimos nos posicionar pela **proibição de emissão em território nacional**, bem como de **vedar a sua comercialização, intermediação** e mesmo **aceitação como meio de pagamento** para liquidação de obrigações no País. Para tal fim, optamos por inserir no Código Penal o tipo específico para a prática descrita no parágrafo anterior, mas deixamos aberta a possibilidade de emissão para uso em ambiente restrito, sob a responsabilidade do emissor, desde que exclusivamente para a

---

[53] PL 2303/15 – Banco Central – Regulamentação de Moedas Virtuais – Debate e eleição de vice-presidente. [S. l.: s. n.], 2019. 1 vídeo (2h22min49s). Publicado pelo canal Câmara dos Deputados. Disponível em: <www.youtube.com/watch?v=cztc4AryCwo&t=539s>. Acesso em: 24.01.2023.

aquisição de bens e serviços oferecidos pelo emissor ou por terceiros.[54] (grifos nossos)

Referida proposta representou um gigantesco retrocesso, sem falar que equipararia o Brasil a Bolívia, Equador, Argélia e Bangladesh, em termos de regulamentação, que são os outros países que proibiram a utilização de criptomoedas.

Verifica-se que a proposta em questão buscou criminalizar desde a atividade de mineração até o uso e a aceitação de criptomoedas como meio de pagamento e incluía toda a cadeia de negócios envolvendo o ativo, exceto os ICOs com *tokens* na modalidade *utility*[55], que acreditamos sejam as "moedas digitais exclusivamente para aquisição de bens e serviços oferecidos pelo emissor ou por terceiros", mencionadas no substitutivo, e os *tokens* para jogos virtuais.

O voto do Relator foi recebido com estranheza até mesmo pela própria Comissão, já que o tema não havia sido suficientemente discutido ainda para apresentação do relatório, causando confusão. Poucos dias depois, houve a apresentação de mais um projeto substitutivo, do Deputado Thiago Peixoto (PSD-GO), este mais adequado e condizente com o que o mercado precisaria para poder se desenvolver.

Já de início, esse substitutivo entende que "não é factível querer proibir ou criminalizar a circulação em território brasileiro de ativos criptográficos de pagamento", fundamentando

---

[54] Comissão especial destinada a proferir parecer ao Projeto de Lei 2.303, de 2015, do sr. Aureo, que "Dispõe sobre a inclusão das moedas virtuais e programas de milhagem aéreas na definição de 'arranjos de pagamento' sob a supervisão do banco Central". Disponível em: <www.camara.gov.br/proposicoesWeb/prop_mostrarintegra?codteor=1632751&filename=SBT+1+PL230315+%-3D%3E+PL+2303/2015>. Acesso em: 24.01.2023.

[55] Ver capítulo 11.1.

que isso seria adotar um caminho de retrocesso em relação à inovação. O projeto também atribui fé pública aos registros em *Blockchain*, permitindo expressamente atividades como comercialização, custódia e meio de pagamento e já proibindo que qualquer órgão regulatório crie normas que visem proibir a circulação de criptoativos e a atuação das *exchanges*.

Outro aspecto interessante desse substitutivo é a previsão de separação dos fundos das *exchanges* daqueles dos clientes, o que, em tese, permitiria que essas empresas conseguissem ter a chamada conta "caução" nas instituições financeiras, para trânsito de valores de clientes, que não passíveis de medidas judiciais constritivas como penhora ou arresto, o que era impossível naquele momento.

Por fim, também eram previstas, no substitutivo, medidas contra crimes de lavagem de dinheiro e financiamento ao terrorismo.

Ao final da legislatura de referidos deputados, em 2019, os projetos foram encerrados, permanecendo apenas o PL 2.303/2015, com nova redação.

No entanto, alguns aspectos importantes poderiam ter sido tratados no Projeto de Lei em questão, mas acabaram não sendo, e esta foi a contribuição que dei em minha participação na audiência pública: a distinção entre os diferentes *players* do mercado de criptoativos, tais como *exchanges*, operadores OTC (*Over the Counter*), também conhecido como mercado de balcão, custodiantes ou *wallets* e gestores de criptoativos. Essa distinção é importante, pois a responsabilidade de cada um deles é diferente, e isso influencia, sem sombra de dúvidas, a regulamentação.

Posteriormente, foi apresentado o PL 4.401/2021, que, resumidamente, define ativos virtuais e prestadores de serviços virtuais e cria direitos e obrigações. No entanto, tais defini-

III – Regulamentação 81

ções deixaram de lado aspectos importantes, como no caso dos prestadores de serviços, em que faltou nomear todos os atores do mercado, a exemplo das empresas que compram e vendem criptos do seu estoque próprio, e não realizam intermediação de compra e venda.

Ao contrário da IN 1.888/2019 da Receita Federal do Brasil, que definiu de forma mais completa o rol de prestadores de serviços, infelizmente o PL não teve o mesmo zelo técnico. Contudo, referido PL 4.401/2021 trouxe os aspectos mais importantes para o setor, como a inclusão dos prestadores de serviços no rol das pessoas obrigadas da Lei de combate à Lavagem de Dinheiro, a definição de um órgão do Poder Executivo como regulador oficial, provavelmente o Banco Central, a obrigatoriedade de licença para operação e a menção expressa da competência da CVM para valores mobiliários.

Entretanto, ao passar pela Câmara dos Deputados, o PL acabou tendo questões importantes retiradas do texto aprovado pelo Senado Federal, como a segregação patrimonial e a garantia de continuidade de operação das empresas que já estão no mercado durante o período de obtenção da licença de operação.

Definitivamente, a questão da segregação patrimonial foi analisada de forma distorcida pelos parlamentares, que compararam as *exchanges* a bancos, e não a intermediadoras, que são exatamente o que as *exchanges* são, e chegaram a mencionar, durante os debates, a criação de algo semelhante a um "fundo garantidor", o que não faz qualquer sentido para empresas que atuam apenas intermediando transações de compra e venda entre terceiros.

No momento da sanção presidencial da Lei 14.478, o mundo estava ainda absorvendo os impactos da quebra da FTX, a terceira maior *exchange* do mundo, e era evidente o pânico do

82 Criptoativos e *Blockchain*: Tecnologia e Regulamentação

mercado por mais um golpe ocorrido envolvendo empresas de criptoativos. Quando isso acontece com uma *exchange*, o pano de fundo é apenas um: alavancagem com recursos de clientes que estão em custódia única e exclusivamente para que estes possam fazer suas operações de compra e venda.

O fato é que a custódia de criptoativos dos clientes pela *exchange* não é baseada em um serviço especificamente contratado ou cobrado. Ela é meramente decorrente da necessidade de os clientes fazerem suas operações de compra e venda, ou *trading*, como é chamado nesse mercado. Para isso, precisa estar na *wallet* do cliente na *exchange* porque este precisa de rapidez para as operações, então o valor deve estar disponível em sua carteira digital.

Não existe nada nos termos de uso das *exchanges*, em geral, que permita que estas façam qualquer transação com os criptoativos dos clientes, muito menos os invistam ou façam operações em benefício das *exchanges*, sem informar. Contudo, devido à inexistência de regulamentação prevendo expressamente a obrigatoriedade da segregação patrimonial, ainda que pareça óbvio que aquele que detém algo para a prestação de um serviço não pode dele se apossar indevidamente, muitas *exchanges* já quebraram e sumiram com os criptoativos de seus clientes.

Foi o que aconteceu com a FTX. Ela começou a dar sinais ao mercado de falta de liquidez, seguidos por um comentário público do CEO da Binance, a maior *exchange* do mundo, que instaurou uma crise de confiança sobre a empresa e uma onda de saques, mostrando a ineficiência da FTX em cumpri-los por falta de liquidez, causando sua concordata, prisão do CEO Sam Bankman-Fried, em Bahamas, a pedido dos EUA, e posterior extradição. Prejuízo estimado aos clientes: entre 1 e 2 bilhões de dólares.

Por isso, segregação patrimonial é fundamental e é bastante plausível que o próprio Banco Central, mais provável regulador da área, com toda a experiência que possui na regulamentação do mercado financeiro tradicional, durante o processo de criação dos requisitos para obtenção da licença de operação, exija a segregação patrimonial, suprimindo, assim, esse enorme erro do Poder Legislativo.

Foi assim que, no apagar das luzes de 2022, o PL 4.401/2021 foi sancionado pelo Presidente da República, convertendo-se, em 21 de dezembro daquele ano, na Lei 14.478.

19.2. Principais aspectos da Lei 14.478/2022

A Lei que regulamenta a atuação dos prestadores de serviços com criptoativos, de forma alguma procurou dispor sobre a tecnologia ou o seu uso, mas apenas e tão somente a forma de atuação dos intermediários que lidam com uma tecnologia que, importante lembrar, foi criada com o objetivo de desintermediar as transações.

Nesse sentido, é possível dizer que referidos prestadores de serviços, de certa forma, fazem o mesmo que as instituições financeiras do mercado financeiro tradicional já fazem há muito tempo, sob a regulamentação do Banco Central e da CVM, em determinados casos, como das corretoras de valores mobiliários.

O que é inovador é a tecnologia que dá suporte aos criptoativos, e não a prestação de serviço de intermediação de compra e venda ou mesmo a custódia. Criptoativos são transacionáveis P2P, ou seja, de pessoa para pessoa, sem a necessidade de um intermediário, como a *exchange*. Além disso, possibilitam a autocustódia, vale lembrar o *slogan* do próprio *Bitcon, be your own bank*.

84 Criptoativos e *Blockchain*: Tecnologia e Regulamentação

No entanto, é válido comentar que a experiência do usuário dentro desse mundo é bastante complexa e nada intuitiva, o que acabou dando a oportunidade para o surgimento desses prestadores de serviços que facilitam e tornam mais simples essa experiência, mas não são essenciais para a existência desse mercado. Nesse sentido, a Lei 14.478 inicia trazendo definições de ativos "virtuais" e dos "prestadores de serviços" com ativos virtuais. Referidas definições, na visão desta autora, estão repletas de incorreções técnicas, decorrentes do desconhecimento aprofundado do mercado e de uma discussão com seus *players* para a elaboração da lei.

Na definição de ativos virtuais trazida no art. 3º, foi ignorado o aspecto mais importante que envolve esse instituto e diferencia os criptoativos de outros ativos digitais, como vimos no item 3, que é a utilização de criptografia e *blockchain*, limitando-se à simples definição: "Para os efeitos desta Lei, considera-se ativo virtual a representação digital de valor que pode ser negociada ou transferida por meios eletrônicos e utilizada para realização de pagamentos ou com propósito de investimento".

Definir ativo virtual apenas pela possibilidade de ser negociado e transferido por meios eletrônicos e usado para pagamentos ou investimento é de uma simplicidade que não se coaduna com a natureza dos criptoativos. Todavia, a questão fica ainda mais confusa quando se analisa a definição do que não é considerado ativo virtual.

No inciso III do art. 3º, excetua-se da definição anterior o seguinte:

(...)

III – instrumentos que provejam ao seu titular acesso a produtos ou serviços especificados ou a benefício proveniente desses produtos ou serviços, a exemplo de pontos e recompensas de programas de fidelidade;

(...).

Se analisarmos esse inciso até a palavra "serviços", teremos, literalmente, a definição de um *token utility*, que está dentro da abrangência da Lei em questão. De fato, o inciso parece ter pretendido excetuar apenas os programas de fidelidade, que deverão ser objeto de regulamentação própria, mas a parte anterior do texto está inadequada, o ideal teria sido excetuar apenas os programas de fidelidade.

Já, no que diz respeito à definição de quem são os prestadores de serviços com ativos virtuais, também careceu esta de um aprofundamento melhor no estudo e até mesmo uma comparação com a IN 1.888/2019 da Receita Federal, que está mais completa nesse sentido.

Vejamos a definição de *"exchange* de criptoativo" no art. 5º da IN, que, apesar do nome equivocado, inclui, basicamente, todos os prestadores de serviços com criptoativos:

Art. 5º (...)

(...)

II – *exchange* de criptoativo: a pessoa jurídica, ainda que não financeira, que oferece serviços referentes a operações realizadas com criptoativos, inclusive intermediação, negociação ou custódia, e que pode aceitar quaisquer meios de pagamento, inclusive outros criptoativos.

Parágrafo único. Incluem-se no conceito de intermediação de operações realizadas com criptoativos, a disponibilização de ambientes para a realização das operações de compra e venda de criptoativo realizadas entre os próprios usuários de seus serviços.

Vemos que a expressão "oferece serviços referentes a operações realizadas com criptoativos, inclusive intermediação, negociação ou custódia," inclui todos os prestadores de serviços possíveis desse mercado, até mesmo as empresas que compram e vendem criptos do seu estoque próprio.

Por outro lado, o art. 5º da Lei 14.478/2022 preferiu elencar as atividades que caracterizam um prestador de serviços com criptos da seguinte forma:

> Art. 5º (...)
>
> I – troca entre ativos virtuais e moeda nacional ou moeda estrangeira;
>
> II – troca entre um ou mais ativos virtuais;
>
> III – transferência de ativos virtuais;
>
> IV – custódia ou administração de ativos virtuais ou de instrumentos que possibilitem controle sobre ativos virtuais; ou
>
> V – participação em serviços financeiros e prestação de serviços relacionados à oferta por um emissor ou venda de ativos virtuais.

É possível verificar que não foram incluídas, na definição, as empresas que fazem compra e venda de estoque próprio, e não intermediação entre terceiros. Ainda que estas não gerem risco de custódia, certamente têm obrigações de evitar lavagem de dinheiro e financiamento ao terrorismo que precisam ser disciplinadas. Novamente, o mercado precisará contar com a experiência do regulador para identificar esse problema e utilizar o parágrafo único do art. 5º para regular essa atividade também. Vale comentar que referidas empresas já têm obrigação de declarar suas atividades à Receita Federal, com base na IN 1.888/2019.

Já o art. 4º da Lei traz diretrizes básicas para a atuação dos prestadores de serviços com criptoativos, deixando os parâmetros para serem desenvolvidos pelo órgão regulador a ser indicado pelo Poder Executivo. Referidos parâmetros são básicos e aplicáveis aos prestadores de serviços, inclusive, por meio de outras leis, sendo até mesmo desnecessário incluí-los, especificamente, aqui. São eles:

a) Respeitar a livre-iniciativa e livre-concorrência.

b) Adotar boas práticas de governança, transparência nas operações e abordagem baseada em riscos.

c) Respeitar a segurança da informação e proteção de dados pessoais.

d) Respeitar a proteção e defesa de consumidores e usuários.

e) Proteger a poupança popular.

f) Garantir solidez e eficiência das operações.

g) Reforçar a prevenção à lavagem de dinheiro e ao financiamento do terrorismo e da proliferação de armas de destruição em massa, em alinhamento com os padrões internacionais.

Outro aspecto importante da Lei 14.478 que certamente será benéfico para o mercado é o art. 6º, que permite que mais de um órgão seja responsável pela disciplina e supervisão de um prestador de serviços. Se analisarmos as *exchanges* de criptoativos, por exemplo, em comparação às corretoras de valores mobiliários, teremos que estas são reguladas pelo Banco Central e pela CVM. Isso faz todo o sentido também para as *exchanges*, ainda que não pelos mesmos motivos das corretoras.

Vejamos: resumidamente, as corretoras atuam na B3, que é um órgão próprio, independente, uma bolsa, que, entre outras atividades, compram e vendem valores mobiliários em nome de seus clientes, um serviço de intermediação, basicamente, e a liquidação e compensação das operações são feitas por outra empresa, a CBLC.

Já as *exchanges*, em geral, possuem seus *order books*, livros de ofertas, ou seja, uma "bolsa" própria de cada *exchange*, em que os clientes compram e vendem seus criptoativos, e a liquidação e compensação das operações ocorrem na própria *exchange*. Nessa esteira, é fundamental que as *exchanges* que possuam *order books* sejam reguladas e fiscalizadas pelo Banco Central e pela CVM.

O art. 7º da nova Lei traz um ponto fundamental, que é a obrigatoriedade de autorização de funcionamento para os prestadores de serviços com ativos virtuais, a ser analisada e concedida pelo órgão regulador a ser indicado. Referido ponto já era esperado e tem sido comum na legislação de outros países também, como Portugal, Suíça, Emirados Árabes, Reino Unido e EUA. Da mesma forma que o artigo prevê que a autoridade reguladora terá a atribuição de analisar e conceder a autorização de funcionamento, transferência de controle, fusão, cisão e incorporação da prestadora de serviços, esta terá o poder de cancelar, de ofício ou a pedido, as autorizações.

Além disso, o órgão regulador deverá estabelecer condições para o exercício de cargos em órgãos estatutários e contratuais das prestadoras de serviços de ativos virtuais e autorizar a posse e o exercício de pessoas para cargos de administração.

O art. 7º, V, também abordou a questão das transferências internacionais com a utilização de criptoativos, que carece de melhor regulamentação, já que abordada apenas no Comunicado 31.379/2011 do Bacen, de forma não muito clara. Importante ponto a ser aguardado na regulamentação.

Por sua vez, o art. 8º da Lei 14.478/2022 toca numa questão delicada, que é a possibilidade de outros tipos de instituições já reguladas pelo Banco Central do Brasil, como as instituições financeiras, por exemplo, que já estão bastante adaptadas à regulamentação desse órgão e, portanto, mais aptas a atendê-la, cumularem suas atividades com a de prestador de serviço com criptoativos.

É possível argumentar nesse sentido que isso causa uma concorrência injusta das instituições já reguladas pelo Banco Central com as prestadoras de serviços com criptoativos que já estão no mercado antes da Lei 14.478, que ainda precisam se adequar à regulamentação que será criada, pois se trata de uma vantagem competitiva das instituições financeiras reguladas.

Nessa esteira, o art. 9º define que o prazo mínimo para que as empresas que estão no mercado possam se adequar, após a publicação da regulamentação, será de seis meses, podendo ser maior se assim determinado pelo regulador.

Por fim, mas não menos importante, a Lei 14.478 trouxe alterações significativas no Código Penal e na Lei contra Lavagem de Dinheiro. Em relação aos aspectos criminais, incluiu o crime de fraude com a utilização de ativos virtuais:

> Fraude com a utilização de ativos virtuais, valores mobiliários ou ativos financeiros
>
> Art. 171-A. Organizar, gerir, ofertar ou distribuir carteiras ou intermediar operações que envolvam ativos virtuais, valores mobiliários ou quaisquer ativos financeiros com o fim de obter vantagem ilícita, em prejuízo alheio, induzindo ou mantendo alguém em erro, mediante artifício, ardil ou qualquer outro meio fraudulento.
>
> Pena – reclusão, de 4 (quatro) a 8 (oito) anos, e multa.

As prestadoras de serviços com ativos virtuais foram igualmente equiparadas às instituições financeiras para efeitos da lei de crimes contra o sistema financeiro. Isso significa que os gestores dessas empresas estão sujeitos a todos os crimes previstos nessa lei, tais como divulgação de informação falsa, gestão fraudulenta, gestão temerária e apropriação.

Outra novidade foi o aumento de pena para o crime de lavagem de dinheiro com a utilização de ativos virtuais, em acréscimo ao inciso que previa isso para reiteração e organização criminosa. Essa inclusão indica uma punição maior para quem lava dinheiro usando criptoativos, do que uma obra de arte, por exemplo (§ 4º do art. 1º da Lei 9.613/1998).

Esse entendimento, sob a ótica de *compliance*, é equivocado, porque não se pune o "meio", mas a conduta. Pune-se com mais severidade a reiteração, a organização criminosa, o uso de violência ou grave ameaça, mas a lavagem de dinheiro ser feita por meio de dólar, arte ou criptoativos não deveria ser objeto de aumento de pena.

Por outro lado, uma medida importante da Lei foi a inclusão dos prestadores de serviços com criptoativos no rol das pessoas obrigadas do art. 9º da Lei 9.613/1998, o que traz diversas obrigações, sendo as mais importantes: identificação dos clientes e manutenção de cadastros; adoção de políticas, procedimentos de controles internos; cadastro no Coaf e comunicação de transações suspeitas, manutenção de registros das transações, consulta ao cadastro nacional de PEP.

Em resumo, esses são os aspectos mais importantes da Lei, que é muito mais conceitual do que procedimental, o que ficará a cargo da regulamentação, já que se trata de um tema extremamente técnico, que, sem dúvida, será mais bem abordado pela autarquia técnica do que pelo Poder Legislativo.

Enquanto essa regulamentação não é criada e editada pelo órgão regulador, as prestadoras de serviços com criptoativos podem continuar atuando normalmente, já que a atividade não se tornou ilegal ou qualquer coisa do gênero e não há forma de se obter uma autorização de funcionamento, antes de esse procedimento estar definido pelo agente regulador.

Ademais, não há que se falar em realização de cadastro no Coaf enquanto não houver regulamentação da Lei. Essa medida somente será obrigatória seis meses após a edição da regulamentação, além da necessidade de criação do formulário de cadastro para prestadoras de serviços com ativos digitais pelo próprio Coaf, que hoje não tem essa opção.

20. A evolução da regulamentação ao redor do mundo

Alguns países já regulamentaram o uso de criptoativos, outros ainda não o fizeram, apesar de não proibirem seu uso, alguns tornaram o Bitcoin moeda de curso legal, como El Salvador, enquanto outros decretaram sua ilegalidade no território. Analisando-se o todo, é perceptível que o tom da regulação ao redor do mundo está diretamente relacionado ao grau de liberdade financeira que os governos garantem aos seus cidadãos.

Um estudo realizado publicado em novembro de 2021 pelo Global Legal Research Directorate (GLRD), da Biblioteca Jurídica do Congresso dos EUA[56], concluiu que o número de países que proibiram criptoativos vem aumentando.

Em 2018, eram os seguintes: Argélia, Bangladesh, Bolívia, Equador, Qatar e Quirguistão. Atualmente, o Relatório do GLRD

---

[56] ZHANG, Laney et al. *Taxation of cryptocurrency block rewards in selected jurisdictions.* Washington, D.C.: The Law Library of Congress, Global Legal Research Directorate, 2021. Disponível em: <www.loc.gov/item/2021666100/>. Acesso em: 24.01.2023.

92 Criptoativos e *Blockchain*: Tecnologia e Regulamentação

apontou nove países: Argélia, Bangladesh, China, Egito, Iraque, Marrocos, Nepal, Qatar e Tunísia.

O Relatório também aponta o que chama de países que fazem "proibições implícitas", como impedir instituições financeiras de negociar criptomoedas ou oferecer serviços relacionados a criptos, ou banir *exchanges*, práticas essas que são exemplos de vedações implícitas. Nessa situação, são apontados 42 países, em comparação aos 15 identificados em 2018.

Em contrapartida, também aumentou significativamente o número de países que criaram regulamentação específica para o setor: 33, em 2018, e, no Relatório de 2021, 103 jurisdições, que incluem Austrália, Canadá, Japão e EUA.

20.1. Alguns detalhes da regulamentação dos primeiros países

Austrália[57]

O Parlamento da Austrália realizou um interessante processo preparatório para a regulamentação de criptomoedas no país, que contou com entrevistas com especialistas do porte de Andreas Antonopoulos, o maior *expert* no assunto, no mundo. Em agosto de 2014, o Australian Taxation Office (ATO) trouxe uma série de regras sobre o tratamento das moedas digitais. Transações com moedas digitais foram equiparadas a um acordo de troca, semelhante à permuta do direito brasileiro, com as consequências fiscais e tributárias derivadas.

---

[57] Fonte: PARLIAMENT OF AUSTRALIA. Chapter 2 – Overview and recent developments. *Digital currency – game changer or bit player*. Canberra: Commonwealth of Australia, 2015 Disponível em: <www.aph.gov.au/Parliamentary_Business/Committees/Senate/Economics/Digital_currency/Report/c02>. Acesso em: 24.01.2023.

São consideradas ativos, *commodities* para fins tributários, e podem, inclusive, ser objeto de pagamento como benefício para empregados. Por não serem classificadas como meio de pagamento, não estão sob a regulamentação do Reserve Bank of Australia.

A Australian Securities and Investments Commission (Asic), espécie de comissão de valores mobiliários da Austrália, considera que moedas digitais, por si só, não são um produto financeiro, apesar de algumas facilidades da moeda digital poderem se ajustar à definição de produto financeiro. A Asic, no entanto, informa que se trata de uma operação de risco que, quando realizada, é de responsabilidade do usuário.

Também são aplicadas aos negócios que envolvem criptomoedas as regras de proteção à concorrência e aos consumidores. Verifica-se que a Austrália optou, inteligentemente, por regular o mínimo necessário para enquadrar a nova tecnologia no ambiente jurídico existente, preferindo deixar o mercado se adaptar e realizar pequenas alterações ao logo do tempo, quando necessário.

Canadá

Em 2015, o Senado passou por um processo de estudo do assunto para regulamentação, também contando com Antonopoulos como especialista, e chegou à conclusão de pouca intervenção regulatória na área.

Moedas digitais são consideradas *commodities* sob o regime do *Personal Property Security Act* (PPSA) e estão submetidas às regras do Imposto de Renda por ganho de capital, quando utilizadas com objetivo de investimento. Já, quando a utilização se dá como meio de pagamento, a tributação incidente é exclusivamente aquela relacionada à operação de compra e venda ou à prestação de serviços. O Canadá, portanto, acolheu em sua regu-

94 Criptoativos e *Blockchain*: Tecnologia e Regulamentação

lamentação o que chamamos de princípio da fungibilidade dos ativos, caracterizando-o juridicamente de acordo com seu uso.

O British Columbia Securities aprovou, em setembro de 2017, o primeiro fundo exclusivamente dedicado a investimentos em criptomoedas, gerido pelo First Block Capital. Esse fato trouxe para o mercado de criptos investidores maiores e mais qualificados, animados com a aprovação por um órgão governamental.

Apesar de as regras contra a lavagem de dinheiro (AML) e o financiamento ao terrorismo mencionarem criptomoedas, o Department of Finance do Canadá informou que, atualmente, está trabalhando em uma regulação que irá definir os tipos de negócios com moedas digitais que serão classificados como serviços financeiros e deverão cumprir as mesmas obrigações. "Segundo o Departamento, a abordagem regulatória irá acontecer nas áreas mais vulneráveis, incluindo as bolsas de moedas virtuais, e irá impor obrigações similares aos serviços financeiros".[58]

O Canadá também criou um *sandbox*, em termos de regulação, para *fintechs* em áreas inovadoras, como aquelas que utilizam *Blockchain*.

Japão

Em abril de 2017, entrou em vigor no Japão o *Virtual Currency Act* (Lei de Moedas Virtuais), que define criptomoedas como meio de pagamento. Não são consideradas como instrumento financeiro, mas, sim, ativos para efeitos contábeis, tributados com base no ganho de capital. Moedas virtuais recebidas do exterior são tratadas como compras não tributáveis.

---

[58] SENADO DO CANADÁ. Relatório do Comitê sobre Bancos, Câmbio e Comércio. *Digital currency*: you can't flip this coin!, jun. 2015. p. 43, tradução livre.

As bolsas de moedas virtuais são reguladas como serviços financeiros e, por isso, devem preencher exigências, tais como serem constituídas como sociedades por ações e terem um escritório de representação no Japão, com capital mínimo determinado e bens. Além disso, devem cumprir algumas obrigações, como garantir segurança dos sistemas relativos aos serviços, supervisionar serviços prestados por terceiros em caso de terceirização, tomar medidas para proteção dos usuários, inclusive educação sobre moedas virtuais, apresentação de relatórios, separação de depósitos dos usuários de depósitos próprios, auditoria externa, entre outras.

Atualmente, há mais de 11 bolsas especializadas em criptomoedas autorizadas pela Financial Service Agency[59]. No Japão, é possível realizar pagamento em *Bitcoin* em várias cadeias de lojas, além de serviços básicos, como eletricidade e água.

Estados Unidos

A regulamentação nos Estados Unidos engloba aspectos de legislação federal, como tributação, e estadual, como regulamentação das *exchanges*. Em 2015, o Commodity Futures Trading Commission classificou o *Bitcoin* como *commodity* e, para efeito de tributação, a Receita Federal americana o considera como uma propriedade[60].

No entanto, como boa parte da legislação nos Estados Unidos é delegada aos estados, o tratamento dado às empresas que operam com criptomoedas varia bastante dependendo do local. O estado de Nova York é o que possui a regulamentação mais

---

[59] Disponível em: <www.fsa.go.jp/menkyo/menkyoj/ akasoutuka.pdf>. Acesso em: 24.01.2023.

[60] INTERNAL REVENUE SERVICE. *Notice 2014-21*, IR-2014-36, 25.03.2014. Disponível em: <www.virtualcurrencyreport.com/2014/03/irs-clarifies-tax-treatment-of-bitcoin-and-other-convertiblecurrencies>. Acesso em: 24.01.2023.

96 Criptoativos e *Blockchain*: Tecnologia e Regulamentação

dura de todos. Em 2015, o Departamento Estadual de Serviços Financeiros[61] instituiu a *BitLicense*, uma licença obrigatória para as empresas que atuam nesse segmento. Vale aqui mencionar que, no dia seguinte à entrada em vigor da *BitLicense*, dez empresas do setor fecharam as portas e mudaram de estado.

Entretanto, antes disso, outros fatos já tinham acontecido que deixaram transparecer a "mão pesada" com que o assunto seria tratado. A prisão do empresário do ramo de criptomoedas Charlie Shrem foi um deles. Charlie foi o fundador da BitInstant, uma das primeiras empresas de criptomoedas de Nova York, além de membro-fundador da Bitcoin Foundation.

Em dezembro de 2014, Shrem foi condenado e sentenciado a dois anos de prisão por lavagem de dinheiro, no valor de um milhão de dólares. Como sócio da BitInstant, ele vendeu *Bitcoins* para Robert Faiella, sabendo que este os revendia para pessoas que os usavam para comprar drogas no *site* Silk Road[62].

Fazendo um paralelo com o sistema financeiro tradicional, em 2012, o HSBC, um dos maiores bancos da Europa, foi condenado, no Estado de Nova York, ao pagamento de 1.9 bilhão de dólares por ter permitido lavagem de, aproximadamente, 881 milhões de dólares para cartéis de drogas colombianos e terroristas do Irã, da Líbia e do Sudão. Nenhum executivo do banco recebeu qualquer pena de prisão.

A dureza da pena de Charlie Shrem, em comparação às aplicadas pelo mesmo crime, ainda que em condições e valores infinitamente mais significativos, a um ente do sistema bancá-

---

[61] New York State Department of Financial Services.

[62] Famoso *marketplace* de drogas e substâncias ilícitas na *dark web*, onde os pagamentos eram realizados apenas em *bitcoin*.

rio tradicional, demonstra que a questão é, especificamente, o *Bitcoin*, e não a lavagem de dinheiro.

Foi nesse contexto que, logo em seguida, veio a regulamentação da *BitLicense*, acarretando o recrudescimento do mercado nesse estado e a fuga de várias empresas para outros locais. Já, com relação aos *tokens* virtuais com características de *securities*, i.e., valores mobiliários, emitidos em ICOs, estes são regulados pela Security and Exchange Commission (SEC), que também vem mostrando uma grande rigidez no entendimento do assunto.

Rússia

Em janeiro de 2014, a Rússia emitiu aviso sobre a ilegalidade do uso de outras moedas, além da oficial, como o *Bitcoin*, associando seu uso à lavagem de dinheiro e ao financiamento de terrorismo. O Banco Central da Rússia chegou a afirmar que "isso é algo que definitivamente o mercado está recebendo e, então, estaremos observando com atenção e, se necessário, iremos regular"[63].

Contudo, a guerra da Rússia com a Ucrânia mudou esse panorama. O embargo econômico contra a Rússia dificultou as relações internacionais e fez o país rever sua relação com os criptoativos. "De acordo com Ivan Chebeskov, do Ministério das Finanças da Rússia, tanto o *Bitcoin* quanto qualquer outra criptomoeda serão liberados para transações internacionais"[64].

Além disso, a Rússia também iniciou preparativos para fornecer eletricidade para mineradores no Cazaquistão.

---

[63] Tradução livre.

[64] HENRIQUE HK. Rússia permitirá que empresas aceitem *Bitcoin* em acordos internacionais. *Livecoins*, 04.10.2022, Disponível em: <https://livecoins.com.br/russia-permitira-que-empresas-aceitem-bitcoin-em-acordos-internacionais/>. Acesso em: 24.01.2023.

China

A China já foi o maior mercado de *Bitcoin* do mundo. No entanto, a regulamentação instável e imprevisível fez o país perder posição para o Japão. As transações sempre foram proibidas para pessoas jurídicas, mas livres para pessoas físicas. Como se trata de um mercado muito grande, qualquer movimento acaba refletindo na cotação do *Bitcoin*. Em janeiro de 2017, o banco central chinês realizou investigações em *exchanges*, relacionadas à lavagem de dinheiro, e a cotação caiu 10%.

Em setembro de 2017, o banco central da China emitiu uma notificação oficial proibindo qualquer tipo de atividade de captação de investimento mediante a emissão de *token*, ou seja, os ICOs, ou *Initial Coin Offering*. Indivíduos e organizações que haviam completado captação de fundos por meio de ICO anteriormente foram obrigados a devolvê-los aos investidores. Ainda em 2017, a China proibiu a operação das *exchanges*, o que levou empresas como Huobi, BTCC e OKCoin a migrarem para Hong Kong.

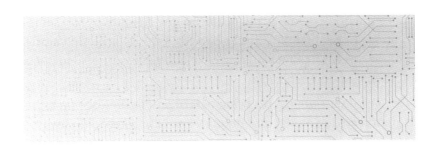

IV – Recomendações das Organizações Internacionais

21. **A Recomendação da Organização Internacional das Comissões de Valores Mobiliários[65] (Iosco) para as plataformas digitais de negociação de criptoativos**

Em maio de 2019, a Diretoria da Iosco, organização da qual o Brasil é membro associado, lançou um *paper* chamado Considerações, Riscos e Problemas Regulatórios relacionados às plataformas de negociação[66] de criptoativos. Muitos dos proble-

---

[65] Iosco (International Organization of Securities Commission) – *Issues, Risks and Regulatory Considerations Relating to Crypto-Asset Trading Platforms.*
[66] ORGANIZAÇÃO INTERNACIONAL DAS COMISSÕES DE VALORES. *Metodologia para avaliar a implementação dos objectivos e princípios da regulação de valores*

mas e riscos associados à negociação de criptoativos são semelhantes aos problemas e riscos ligados à negociação de valores mobiliários tradicionais ou outros instrumentos financeiros nas plataformas de negociação.

Nesse sentido, os três principais objetivos da Iosco na regulamentação de valores mobiliários são: (1) proteção de investidores; (2) garantia de mercados justos, eficientes e transparentes; e (3) redução do risco sistêmico. Apoiar esses objetivos são princípios que promovem eficiência e integridade dos mercados, transparência e acesso justo.

O primeiro ponto considerado pela Iosco é o acesso às plataformas de negociação e os critérios de *onboarding*. Nesse aspecto, a Questão-Chave 4 (b) do Princípio 33 da Iosco estabelece que o mercado e/ou o regulador devem: garantir que o acesso ao sistema ou à troca e aos produtos associados seja justo, transparente e objetivo e considere os critérios e procedimentos de admissão relacionados.

Normalmente, são os intermediários que acessam as plataformas de negociação em nome de seus clientes (ou seja, investidores). Os intermediários, geralmente, são responsáveis pelo processo de integração do investidor, que inclui o cumprimento dos requisitos de conhecimento do cliente (KYC), requisitos contra a lavagem de dinheiro/combate ao financiamento do terrorismo (AML/CFT) e a realização de avaliações de *suitability*, ou seja, determinação se um produto é apropriado para um cliente em particular. No entanto, onde os investidores, principalmente os pequenos, têm acesso não intermediado a uma plataforma de negociação, uma consideração importante para as autoridades reguladoras é quem está executando o processo de integração.

---

mobiliários da Iosco. 2013. Disponível em: <www.iosco.org/library/pubdocs/pdf/IOSCOPD359-Portuguese.pdf>. Acesso em: 30.01.2023.

IV – Recomendações das Organizações Internacionais 101

Em alguns modelos de plataforma de negociação, esta pode executar as funções de integração que seriam executadas por um intermediário. Nos casos em que os processos de integração utilizados pelas plataformas são limitados, pode haver o risco de a plataforma ser usada para atividades ilegais. Esse risco pode ser aprimorado, por exemplo, onde a tecnologia forneça a capacidade de: (1) transferir fundos anonimamente entre as partes e (2) mascarar a origem ou o destino do fluxo de fundos. Além disso, poderá haver arbitragem regulatória, se os investidores puderem acessar uma plataforma de jurisdições onde tais atividades são proibidas.

Por fim, uma plataforma que desempenha essas funções pode permitir a participação de participantes, sobretudo investidores de varejo, quando a negociação de ativos criptográficos não é adequada para eles, e pode criar um risco de dano ao investidor.

As questões principais do Princípio 31 da Iosco fornecem orientação útil para avaliar as questões dos riscos. Por exemplo, a Questão-Chave 11 (a) do Princípio 31 estabelece um componente importante relacionado à conduta de um intermediário de mercado com os clientes: ao estabelecer um relacionamento comercial com um cliente, um intermediário de mercado deve identificar e verificar a identidade do cliente usando métodos confiáveis, dados independentes. Um intermediário de mercado também deve obter informações suficientes para identificar pessoas que possuem ou controlam benefícios de valores mobiliários e, quando relevante, outras contas. Os procedimentos para implementar esse requisito facilitarão a capacidade do intermediário de mercado de mitigar o risco de estar envolvido em fraude, lavagem de dinheiro ou financiamento do terrorismo.

A Força-Tarefa de Ação Financeira (Gafi) reconheceu a necessidade de lidar com os riscos nessa área e está envolvida no trabalho contínuo de aplicação dos padrões do Gafi aos "ativos virtuais" e aos "Provedores de serviços de ativos virtuais". Nos casos em que é permitido aos investidores de varejo ter acesso direto às plataformas, é importante considerar que elas estão realizando avaliações de adequação do investidor antes da abertura da conta. Essas avaliações de integração são um elemento imprescindível da proteção do investidor para garantir que os investidores participem de classes de ativos que correspondam às suas situações financeiras individuais/tolerância a riscos e para mitigar os riscos de perdas significativas. Além disso, uma consideração sobre se as plataformas estão informando sobre riscos aos investidores também é essencial.

Se a plataforma é responsável pela custódia de ativos de terceiros, uma consideração fundamental para as autoridades reguladoras é como esses ativos são mantidos e protegidos. Isso inclui a consideração de quais acordos estão em vigor no caso de uma perda, incluindo uma perda por roubo, problemas operacionais ou falência da plataforma.

Nesse sentido, a Questão-Chave 6 do Princípio 31 recomenda:

> Nos casos em que um intermediário de mercado controla ou é responsável por ativos pertencentes a um cliente que é necessário salvaguardar, ele deve tomar providências adequadas para salvaguardar os direitos de propriedade dos clientes (por exemplo, segregação e identificação desses ativos). Essas medidas têm como objetivo: fornecer proteção contra desvios; facilitar a transferência de posições em casos de grave perturbação do mercado; impedir o uso de ativos do cliente para negociação proprietária ou o financiamento das operações de um intermediário de mercado; e auxiliar na liquidação ordenada da insolvência de um intermediário de mercado individual e no retorno dos ativos dos clientes.

IV – Recomendações das Organizações Internacionais   103

As recomendações da Iosco nesse ponto englobam checar constantemente:

- o ciclo de vida e trilha de auditoria da movimentação de fundos e criptoativos entre o cliente, a plataforma e quaisquer terceiros, incluindo em nome de quem os ativos são armazenados e se estão *on-line* ou *off-line*;
- quem tem acesso às chaves privadas para todas as carteiras e quais providências de *backup* estão em vigor para evitar pontos únicos de acesso;
- se os fundos são segregados ou agrupados (e com que base);
- quais direitos e reivindicações de propriedade um investidor tem sobre seus ativos e como eles são evidenciados;
- como e em que condições os ativos podem ser retirados da plataforma.

O documento da Iosco também recomenda a imposição de requisitos de capital social para proteção contra falência ou insolvência, o que pode ser uma consideração relevante no gerenciamento de riscos associados ao seu modelo de negócios, além da realização de auditorias periódicas.

Outro aspecto importante abordado nas diretrizes da Iosco é a questão do conflito de interesse. Por exemplo:

- negociação proprietária e/ou criação de mercado na plataforma por operadores ou funcionários da plataforma – os conflitos podem incluir assimetria de informações, abuso de mercado e/ou preços injustos fornecidos aos participantes;
- assessoria a clientes – esse pode ser um conflito inerente quando a plataforma tem interesse direto ou indireto em um ativo negociado na plataforma ou em sua emissão;

- tratamento preferencial – surgem conflitos onde o tratamento preferencial é dado a um subconjunto de participantes ou aos proprietários/operadores da plataforma, incluindo o *design* e a programação do sistema, que determina como as ordens interagem e executam.

Quando há potencial de conflitos, a Iosco recomenda que a plataforma deve garantir um tratamento justo a todos os seus clientes, tomando medidas razoáveis para gerenciar os conflitos por meio de medidas organizacionais para evitar danos aos interesses de seus clientes, como: regras internas, incluindo as de confidencialidade; divulgação adequada; ou recusar-se a agir onde o conflito não pode ser resolvido.

As diretrizes da Iosco abordam, inclusive, a integridade do mercado. Nesse aspecto, menciona que uma consideração importante para as autoridades reguladoras é a aplicabilidade das regras existentes relacionadas ao abuso de mercado e à capacidade das plataformas de prevenir e detectar abusos de mercado.

A Questão-Chave 2 do Princípio 33 da Iosco fornece orientações úteis sobre esses riscos. Afirma, em parte:

> O regulador deve avaliar a confiabilidade de todas as providências tomadas pelo operador para o monitoramento, vigilância e supervisão do sistema de negociação entre seus participantes para garantir justiça, eficiência, transparência e proteção ao investidor, bem como o cumprimento da legislação sobre valores mobiliários.

Em termos de tecnologia, devido à natureza das plataformas de negociação de ativos digitais, a resiliência, a confiabilidade e a integridade do sistema, bem como a resiliência cibernética e a segurança de seus sistemas de negociação, são componentes críticos no gerenciamento de riscos comerciais, facilitando a proteção do investidor e promovendo mercados justos e eficientes.

IV – Recomendações das Organizações Internacionais 105

Nesse sentido, para fornecer um nível adequado de estabilidade, a Iosco recomenda que as autoridades reguladoras exijam que as plataformas de negociação disponham de mecanismos para ajudar a garantir a resiliência, a confiabilidade e a integridade (incluindo segurança) de sistemas críticos. Embora a prevenção de falhas seja importante, as plataformas de negociação também devem estar preparadas para lidar com essas falhas e, nesse contexto, estabelecer, manter e implementar, conforme apropriado, um plano de continuidade de negócios.

Essas são, em síntese, as recomendações da Iosco para as plataformas de negociação de criptoativos. Vale mencionar que o Brasil é membro dessa organização e tem o histórico de acolher as recomendações dela.

22. Recomendação do Gafi para as plataformas de negociação de ativos virtuais

Gafi (Grupo de Ação Financeira Internacional) é o nome em português da Financial Action Task Force (FATF), agência global de vigilância contra lavagem de dinheiro e financiamento do terrorismo, uma instituição intergovernamental que orienta reguladores do mundo todo sobre procedimentos em vários mercados para combater essas práticas.

Em junho de 2014, o Gafi emitiu "Moedas Virtuais: Principais Definições e Riscos de Lavagem de Dinheiro e Financiamento ao Terrorismo" diante do surgimento dos criptoativos. Em junho de 2015, o Gafi emitiu a "Orientação para uma Abordagem Baseada em Risco para Moedas Virtuais" (a Orientação VC de 2015) como parte de uma abordagem em etapas para lidar com os riscos de lavagem de dinheiro e financiamento do terrorismo associados a produtos e serviços que envolvem moedas virtuais.

Em outubro de 2018, o Gafi adotou a Recomendação 15, aplicando seus padrões às atividades dos provedores de serviços com criptoativos, a fim de garantir práticas regulatórias niveladas globalmente e ajudar as jurisdições a mitigar os riscos de lavagem de dinheiro nesse segmento e proteger a integridade do sistema financeiro global. O Gafi também esclareceu que os padrões se aplicam a transações e interações de cripto com cripto e entre cripto e *fiat*.

Em junho de 2019, o Gafi emitiu uma Nota Interpretativa da Recomendação 15, para esclarecer como seus requisitos devem ser aplicados em relação aos prestadores de serviços com criptoativos, em particular no que diz respeito à aplicação da abordagem baseada em risco para as atividades dos prestadores de serviços e para as operações; supervisão ou monitoramento para fins AML/CFT; licenciamento ou registro; medidas preventivas, como *due diligence* do cliente, manutenção de registros e relatórios de transações suspeitas, entre outros; sanções e outras medidas de execução; e cooperação internacional.

A Recomendação foi atualizada em outubro de 2021, e é interessante comentar que a orientação de 2019 recomendava um monitoramento do mercado de criptoativos e colocou essas empresas em pé de igualdade com as instituições financeiras tradicionais, mas, de modo geral, não recomendou políticas mais rígidas do que os regimes já existentes. No entanto, a atualização de 2021 não veio nesse mesmo sentido, pelo contrário, iniciou por ampliar o conceito de "prestadores de serviços com criptoativos", para incluir desenvolvedores de *softwares* de ferramentas descentralizadas e até operadores de *nodes*, por exemplo, atribuindo a estes também responsabilidades por prevenção à lavagem de dinheiro.

A atualização da Recomendação, inclusive, deixa clara sua preocupação com as transações P2P e tecnologias que preservam

IV – Recomendações das Organizações Internacionais 107

a privacidade dos usuários, como *Monero* e *ZCash*, recomendando que as corretoras "regulamentadas" limitem transações para carteiras não custodiadas por *exchanges* e que os desenvolvedores limitem essas transações por meio da tecnologia, em seus desenvolvimentos, ou seja, *by design*.

Ademais, a Recomendação aborda a aplicação da chamada *travel rule* para as corretoras de criptoativos, obrigando a identificação completa de todas as contrapartes das transações entre carteiras.

Percebe-se que o objetivo da Recomendação do Gafi é contrário ao funcionamento e ao objetivo da tecnologia, cuja base é ser essencialmente P2P, descentralizada e privada, querendo manter a existência de um "intermediário", sob a justificativa do combate à lavagem de dinheiro.

Sem querer levantar qualquer teoria da conspiração, parece claro que o combate à lavagem de dinheiro e ao financiamento ao terrorismo, atualmente, parece ser usado para justificar a total quebra da privacidade financeira dos cidadãos em âmbito mundial e até mesmo impossibilitar o surgimento de novas formas de transações de recursos que, por sua natureza, permitam às pessoas realizarem negócios diretamente entre si, sem o encargo do intermediário. A Recomendação chega a mencionar a possibilidade de países banirem esse tipo de transação na impossibilidade de se estabelecerem padrões mínimos de adequações de controle de lavagem de dinheiro.

Outro aspecto importante a comentar é que o Gafi recomenda que os prestadores de serviços com criptoativos sejam fiscalizados por uma autoridade, e não um órgão de autorregulação.

Em nenhum momento é mencionada, na Recomendação, a possibilidade de inserção de medidas nos próprios códigos, ou seja, o uso da própria tecnologia como meio para prevenção de ilícitos desse tipo, em vez do bom e velho "intermediário" garantidor de confiança. Já sabemos que tecnologias descentralizadas, incluindo a tecnologia *blockchain*, são robustas o suficiente para apoiar uma teoria de regulação endógena assistida por tecnologia[67].

---

[67] REYES, Carla L. Moving beyond Bitcoin to an endogenous theory of decentralized ledger technology regulation: an initial proposal. *Villanova Law Review*, v. 61, 2016. Disponível em: <https://digitalcommons.law.villanova.edu/vlr/vol61/iss1/5>. Acesso em: 23.01.2023.

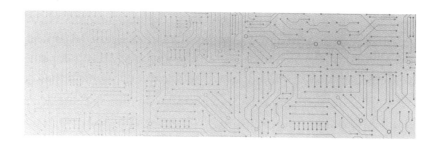

V – O mercado de criptoativos

23. Prestadores de serviços com criptoativos

Quando o mercado de criptoativos iniciou, basicamente existia apenas um tipo de prestador de serviço, a chamada *exchange*. *Exchanges* são as entidades que prestam o serviço de intermediação de compra e venda de criptomoedas e podem também realizar a custódia temporária de ativos virtuais e de moeda fiduciária de seus usuários.

A custódia de ativos virtuais implica certo nível de risco, pois, sob a perspectiva tecnológica, é sempre um desafio realizar essa custódia de forma segura, já que custodiantes de criptoativos tendem a se transformar no que se costumou chamar de *honeypots*[68], atraindo a atenção de todo tipo de piratas digitais

---

[68] "Pote de mel", na tradução simples. Aquele que se transforma em chamariz para "urso", ou *hackers*.

110   Criptoativos e *Blockchain*: Tecnologia e Regulamentação

e *hackers*. Ainda não há oferta adequada de seguros cibernéticos para esse tipo de ocorrência. Isso significa dizer que realizar custódia de criptoativos é uma das tarefas mais desafiadoras dentro desse segmento, além de implicar grande responsabilidade. Por outro lado, em relação à custódia de moeda fiduciária, isso acaba sendo feito por uma instituição bancária, em uma conta-corrente de titularidade da *exchange*. No entanto, pela própria ausência de regulamentação específica do setor, as *exchanges* possuem contas comuns, ainda que transitem recursos de cliente, os quais estão sujeitos aos riscos atrelados ao possível fechamento de conta pelos bancos, ou mesmo eventual bloqueio de valores, penhora ou arresto.

Com o desenvolvimento do mercado de ativos virtuais, outros serviços passaram a ser oferecidos por empresas, tais como gestão de ativos para obtenção de rendimentos, *dispensers* automáticos de ativos virtuais (caixas tipo "ATM"), custodiantes, locação, entre outros. Cada um deles possui um diferente nível de risco sistêmico, a depender do modelo de negócio e dos riscos envolvidos, em relação aos usuários e ao mercado em geral.

Os *dispensers* de ativos virtuais são entidades que compram e vendem criptomoedas de seu próprio estoque, sem realização de intermediação entre comprador e vendedor, como no caso das *exchanges* e, portanto, custódia temporária de criptoativos e moeda fiduciária para seus clientes. Ou seja, o risco sistêmico desse modelo de negócio é infinitamente menor que o das *exchanges*, pois, em caso de perda de fundos, isso se dará em relação apenas aos fundos da própria empresa, e não dos clientes.

Custodiantes de ativos virtuais são as entidades que realizam a custódia de criptoativos dos usuários, podendo ser chamados também de "carteiras". Nesse modelo, existem custodiantes em que as chaves privadas ficam na posse da empresa prestadora do serviço. Nesse caso, como já mencionado, há um risco sistêmico significativo, além de um alto custo operacional para manter a segurança. Em alguns modelos de *wallet*, em que as chaves ficam com o cliente, ou seja, é apenas oferecido um *software* no qual o próprio usuário fica com a custódia do par de chaves, não se encontram os riscos aqui apontados.

As gestoras são empresas que realizam gestão ativa e passiva de criptoativos de terceiros, mediante operações, tais como *trading*, arbitragem, *staking*, *lending*, ou outra forma de investimento, trazendo rendimento aos investidores. Nesse formato, a custódia é transferida dos clientes para a empresa e posteriormente transferida dessa empresa para outras empresas, em operações que buscam rendimentos, implicando risco de custódia e de gestão de risco de terceiros também[69].

Vê-se que a responsabilidade das entidades anteriormente mencionadas varia e, portanto, o nível de exigência de cada uma delas perante a regulamentação deve ser analisado de forma diferente, de acordo com sua responsabilidade.

Outro aspecto interessante do mercado a ser mencionado são as plataformas DeFi, de finanças descentralizadas. Esse é um termo bastante abrangente para indicar uma variedade de aplicações e projetos de aplicativos financeiros que envolvem *Smart contracts* e *blockchain*, que operam sem uma entidade centralizada.

Há também alguns ideais por trás desse nome. As finanças descentralizadas têm o objetivo de descentralizar o atual sistema econômico, automatizando muitos processos ao tirar a

---

[69] Esse modelo de negócio deve ser analisado sob a ótica das regras da CVM a respeito de oferta pública de contrato de investimento coletivo.

112 Criptoativos e *Blockchain*: Tecnologia e Regulamentação

governança das mãos de poucas instituições financeiras, pelo método da chamada "autogovernança".

Esses contratos inteligentes são acordos automatizados que não precisam de intermediários para serem executados, podendo ser acessados por qualquer pessoa com uma conexão à internet.

Essa tecnologia é aplicada em aplicativos descentralizados, plataformas ou outros *softwares* que usam protocolos ponto a ponto e desenvolvidos em *blockchain* para, por exemplo, facilitar o empréstimo de dinheiro ou a negociação de ativos virtuais.

A ausência de uma entidade centralizadora faz que essas aplicações DeFi sejam menos suscetíveis aos riscos sistêmicos das *exchanges* centralizadas, pois as transações são realizadas diretamente entre os usuários, sem custódia dos ativos pela plataforma, o que traz maior segurança sob o aspecto de administração de riscos.

Infelizmente, o segmento de prestadores de serviços de criptos centralizados tem um histórico nada favorável de golpes e gestão temerária que vêm causando enormes prejuízos aos usuários, a exemplo de Mt. Gox, Quadriga CX, Atlas Quantum e FTX. Muito se tem discutido sobre o futuro desse setor e como evitar episódios terríveis como esses mencionados. Quanto mais descentralizadas as aplicações, menor o risco sistêmico. Além disso, é possível argumentar que, quanto maior o nível de descentralização, menor o efeito da regulamentação sobre o setor.

24. Tributação

A primeira manifestação da Receita Federal do Brasil acerca do tratamento tributário das criptomoedas deu-se no

V – O mercado de criptoativos **113**

caderno de perguntas e respostas da declaração de imposto de renda de 2016, sobre como as "moedas virtuais" deviam ser declaradas. De acordo com a Receita Federal, as criptomoedas são ativos equiparados a financeiros e devem ser declaradas pelo valor de aquisição na Ficha Bens e Direitos da Declaração Anual de Ajuste, como "outros bens".

Dessa forma, a aquisição de mais de R$ 5.000,00 em criptomoedas, quaisquer que sejam, como *Bitcoin*, *Ether* e *Monero*, deve ser declarada, anualmente, na declaração de ajuste do Imposto de Renda, informando-se a data de aquisição, a quantidade, o valor em reais e a cotação da criptomoeda. No caso de aquisição de várias criptomoedas diferentes, se a soma delas exceder ao valor anteriormente mencionado, a declaração deve ser realizada.

24.1. Tributação sobre a renda

No que diz respeito à tributação, em operações realizadas por pessoas físicas, os ganhos obtidos com a venda de "moedas virtuais", cujo total alienado no mês seja superior a R$ 35.000,00, são tributados de acordo com a tabela vigente[70], que, atualmente, é de:

- 15%, até o limite de cinco milhões de reais, 17,5% sobre a parcela dos ganhos que exceder R$ 5.000.000,00 e não ultrapassar R$ 10.000.000,00;

- 20% sobre a parcela dos ganhos que exceder R$ 10.000.000,00 e não ultrapassar R$ 30.000.000,00; e

---

[70] Lei 8.981/1995 com as alterações dadas pela Lei 13.259/2016.

114　Criptoativos e *Blockchain*: Tecnologia e Regulamentação

- 22,5% sobre a parcela dos ganhos que ultrapassar R$ 30.000.000,00.

O recolhimento do imposto deve ser feito até o último dia útil do mês seguinte ao da transação, por meio de guia própria.

Já, em se tratando de operações de pessoas jurídicas, não há o limite de isenção de R$ 35.000,00, sendo tributado o ganho de capital em operações de venda de qualquer valor mensal. Assim, a tributação para pessoas físicas é, certamente, mais benéfica do que para as pessoas jurídicas. Como não existe uma cotação oficial para as criptomoedas, a própria Receita esclarece que as operações devem ser comprovadas por documentação hábil e idônea. Nesse sentido, a apresentação de cotação de uma *exchange*, por exemplo, é hábil para esse fim.

Tendo em vista que a declaração de bens é anual, mas o recolhimento de imposto sobre o ganho de capital na realização do ativo deve ser realizado no mês subsequente ao da realização, é recomendável fazer um controle mensal de compra e venda de criptomoedas, com as respectivas datas e cotações, arquivando uma impressão da tela de cotação. Isso, efetivamente, facilitará a declaração de ajuste.

Entretanto, a própria natureza dos criptoativos faz surgir dúvidas em relação à tributação. Se considerarmos que as criptomoedas são consideradas ativos, o uso destas como meio de pagamento de bens ou serviços em reais é considerado, em tese, como "realização" em moeda corrente, sendo, portanto, tributável pelo ganho de capital, além de incidirem os tributos relacionados a compra e venda ou prestação de serviços.

Outra operação que merece ser comentada é a troca ou permuta entre diferentes criptomoedas, em operações de compra e venda. Visto que criptos são equiparadas a ativos, em

V – O mercado de criptoativos 115

operações de troca de uma cripto por outra, como é possível a obtenção de ganho de capital, trata-se de uma operação de permuta de ativos, tributável em caso de ganho de capital.

Isso porque uma decisão de 14 de junho de 2016, da 1ª Turma Ordinária da 2ª Câmara do Carf,[71] considerou imediatamente tributável o ganho de capital obtido em operação de permuta de ações feitas por pessoa física, ainda que sem torna, ou seja, sem realização, por entender que:

Ganho de capital. Alienação. Permuta.
O conceito de alienação de que trata o § 3º do art. 3º da Lei n.º 7.713/1988 engloba toda e qualquer operação que importe em transmissão de bens ou direitos ou cessão ou promessa de cessão de direitos, sendo a permuta uma das espécies previstas no texto legal ao lado da compra e venda e de outras operações. Toda e qualquer operação de que se possa extrair uma alienação, ou os efeitos de uma alienação, também está sujeita à apuração do ganho de capital. A acepção utilizada pelo legislador foi a mais ampla possível.

No mesmo sentido, há um parecer da Procuradoria-Geral da Fazenda Nacional, o PGFN/CAT 1.722/2013, que concluiu, resumidamente, que é possível tributar pelo imposto de renda a diferença positiva, via ganho de capital, existente entre o custo de aquisição e o valor dos bens mobiliários permutados quando feita tal operação, independentemente de torna.

É fato que tanto a decisão quanto o parecer, mencionados anteriormente, atentam contra o princípio da realização em matéria tributária, consubstanciado no art. 43 do Código Tributário Nacional, pelo qual o rendimento, ganho de capital, só pode ser

---

[71] Acórdão 2201-003.203.

submetido à tributação quando efetivamente realizado, e não enquanto potencial, como no caso da troca entre diferentes criptomoedas. Nessa esteira, parece totalmente contestável qualquer argumentação no sentido de ser devido ganho de capital por operações de troca entre diferentes criptomoedas.

No entanto, a Receita Federal já publicou uma Solução de Consulta, Cosit 214, de 20 de dezembro de 2021, esclarecendo seu posicionamento sobre esse tema:

> Assunto: Imposto sobre a Renda de Pessoa Física – IRPF
>
> IRPF. Incidência. Alienação de criptomoedas. Isenção – operações de pequeno valor. R$ 35.000,00.
>
> O ganho de capital apurado na alienação de criptomoedas, quando uma é diretamente utilizada na aquisição de outra, ainda que a criptomoeda de aquisição não seja convertida previamente em real ou outra moeda fiduciária, é tributado pelo imposto sobre a renda da pessoa física, sujeito a alíquotas progressivas, em conformidade com o disposto no art. 21 da Lei nº 8.981, de 20 de janeiro de 1995.
>
> É isento do imposto sobre a renda o ganho de capital auferido na alienação de criptomoedas cujo valor total das alienações em um mês, de todas as espécies de criptoativos ou moedas virtuais, independentemente de seu nome, seja igual ou inferior a R$ 35.000,00 (trinta e cinco mil reais).
>
> Dispositivos Legais: Lei nº 8.981, de 20 de janeiro de 1995, art. 21; Regulamento do Imposto sobre a Renda e Proventos de Qualquer Natureza (RIR), aprovado pelo Decreto nº 9.580, de 22 de novembro de 2018, arts. 2º e 35, inciso VI, alínea "a", item 2; Instrução Normativa RFB nº 1.500, de 29 de outubro de 2014, art. 10, inciso I, alínea "b"; Instrução Normativa SRF nº 118, de 28 de dezembro de 2000.

24.2. Tributação da receita operacional em criptos

Outra hipótese que queremos abordar é o caso de quem recebe criptomoedas como forma de pagamento de serviços ou produtos. Cabem aqui duas opções: manter as criptos recebidas como pagamento, as quais serão, então, contabilizadas como ativo circulante, ou vendê-las, na mesma data do recebimento e emissão da Nota Fiscal, transformando-as em reais.

Na hipótese de realização das criptos na data do recebimento, a tributação aplicável deve ser aquela inerente à operação realizada, qual seja, de compra e venda ou de prestação de serviços, não havendo que se falar em tributação por ganho de capital também, em relação à venda das criptos.

No entanto, caso se decida manter as criptos no ativo circulante da empresa, apenas se e quando o recebedor vender as criptomoedas é que incidirá, se for o caso, a tributação por ganho de capital, calculada da data do recebimento até a data da venda.

24.3. Tributação da mineração de criptoativos

A mineração de criptoativos é um processo interno da rede para validação das transações, e cada protocolo tem um processo diferente para emissão de novos criptoativos. No caso do *Bitcoin*, por exemplo, o minerador responsável pela validação do bloco recebe como recompensa os *bitcoins* emitidos naquele bloco e as taxas das respectivas transações.

Não se trata de uma prestação de serviços ou atividade comercial, mas uma etapa do algoritmo da qual qualquer integrante da rede pode participar. Nesse sentido, não houve ainda qualquer manifestação da Receita Federal a respeito de tributação do processo de mineração.

Cabe aqui, portanto, refletir sobre a incidência do ICMS e ISS sobre as operações que envolvem criptoativos. A Secretaria da Fazenda do Estado de São Paulo (Sefaz/SP), por exemplo, na Resposta à Consulta Tributária 22.841/2020, afirmou que não incide ICMS na venda de criptoativos, cujo entendimento pode se aplicar analogicamente à atividade de mineração, pois não caracteriza operação de circulação de mercadorias, tal como definida pelo art. 1º da Lei Complementar 87/1996 (Lei Kandir). Vejamos a ementa da Resposta à Consulta da Receita Federal:

> ICMS – Operações de compra e venda de criptomoedas.
>
> I. As criptomoedas não são consideradas mercadorias, pois não são destinadas a consumo, sendo as operações relativas a elas meras transações financeiras e não de circulação de mercadoria, não estando sujeitas, portanto, à tributação pelo ICMS.

Esse entendimento é semelhante ao tratamento dado pela maioria dos Estados-membros da União Europeia, onde as atividades de mineração, atualmente, estão fora da incidência do IVA – imposto equivalente ao ICMS desses países.

Já, quanto ao ISS, não está a atividade de mineração expressamente relacionada à lista de serviços anexa à LC 116/2003, em item específico, não sendo, portanto, passível de tributação. Contudo, analisando-se a atividade em detalhe, verifica-se que se trata de um processo em benefício da rede de modo geral, e não de um tomador de serviços específico, não caracterizando exatamente uma prestação de serviços.

No entanto, existem empresas explorando a atividade de mineração, que deve ser tributada pelo seu objeto final, ou seja, a destinação dos criptoativos oriundos da mineração. Certamente, um posicionamento mais incisivo das autoridades tributárias será importante para sanar dúvidas nesse ponto.

24.4 Instrução Normativa da Receita Federal 1.888/2019

Em 07.05.2019, foi publicada, no *Diário Oficial da União*, a Instrução Normativa 1.888, de 03.05.2019, da Receita Federal, que instituiu a obrigatoriedade de *exchanges* e pessoas físicas de prestarem informações sobre transações com criptoativos.

Em seu art. 5º, a Instrução Normativa conceitua criptoativo e *exchanges* de criptoativo, como segue:

> Art. 5º (...)
>
> I – criptoativo: a representação digital de valor denominada em sua própria unidade de conta, cujo preço pode ser expresso em moeda soberana local ou estrangeira, transacionado eletronicamente com a utilização de criptografia e de tecnologias de registros distribuídos, que pode ser utilizado como forma de investimento, instrumento de transferência de valores ou acesso a serviços, e que não constitui moeda de curso legal; e
>
> II – *exchange* de criptoativo: a pessoa jurídica, ainda que não financeira, que oferece serviços referentes a operações realizadas com criptoativos, inclusive intermediação, negociação ou custódia, e que pode aceitar quaisquer meios de pagamento, inclusive outros criptoativos.

Ainda, configura como intermediação de operações com criptoativos a disponibilização de ambientes onde sejam realizadas operações de compra e venda entre os seus usuários.

São obrigados a declarar:

(i) as *exchanges* domiciliadas no Brasil;

(ii) as pessoas físicas, sempre que o valor mensal das operações, isolado ou conjuntamente, ultrapassar R$ 30 mil, que realizarem operações com *exchanges* localizadas no exterior ou que realizarem operações P2P (art. 6º, § 1º, da IN em comento).

São operações sujeitas à declaração: compra e venda; permuta, doação, transferência e/ou retirada de criptoativos para/de *exchanges*; cessão temporária (aluguel), dação em pagamento, emissão e outras operações que impliquem transferências desses ativos.

Comparativamente ao texto submetido à Consulta Pública em dezembro de 2018, a Receita Federal beneficiou o contribuinte pessoa física, obrigando a prestar informações somente àqueles que realizem operações com criptoativos acima de R$ 30 mil/mês, diferentemente dos R$ 10 mil/mês como previsto no texto da Consulta Pública em 2018.

A transmissão dos dados deve ocorrer mensalmente, até às 23h59min do último dia do mês subsequente àquele em que ocorreram as operações com criptoativos. Além disso, a norma cria uma obrigação adicional às *exchanges*, que deverão prestar informações, anualmente, sobre cada usuário de seus serviços. Essa obrigação deve ser transmitida em janeiro do ano-calendário subsequente às transações.

A prestação de informações em atraso gera as seguintes multas (art. 10, I, da IN 1.888/2019):

- de R$ 500 por mês ou fração para PJ imune ou isenta, microempresa optante pelo regime especial no Simples Nacional; ou PJ que tenha apresentado sua última declaração de IR com base no lucro presumido;

- de R$ 1.500,00 por mês ou fração se o declarante for PJ distinta da hipótese anterior;
- R$ 100 por mês ou fração para PF;
- de 1,5%, para as pessoas físicas, e 3%, para as pessoas jurídicas, sobre o valor das declarações que contenham os vícios de informações inexatas, incompletas ou incorretas ou ainda omissão de informação;
- de R$ 500 por mês-calendário pelo não cumprimento de intimações da Receita ou pela prestação de esclarecimentos e demais obrigações.

Além das penalidades previstas, a Receita Federal poderá comunicar as infrações às autoridades competentes para a apuração de crime tributário.

A entrada em vigor da Instrução Normativa, até o momento, não parece ter alterado os volumes operados no mercado brasileiro, ainda que a questão tenha sido objeto de muitas dúvidas, principalmente por parte dos usuários de criptoativos[72].

Segundo a *Statista Global Consumer Survey*, o Brasil é o segundo país em número de usuários de criptomoedas, perdendo apenas para a Turquia[73].

---

[72] Ver a seguinte matéria sobre o assunto: MATOS, Gino. CEOs de *exchanges* brasileiras falam sobre mercado de criptoativos pós IN 1888. *CriptoFacil*, 09.10.2019. Disponível em: <www.criptofacil.com/ceos-de-exchanges-brasileiras-falam--sobre-mercado-de-criptoativos-pos-in-1888/>. Acesso em: 24.01.2023.

[73] Fonte: BUCHHOLZ, Katharina. How common is Crypto? *Statista*, 17.03.2021. Disponível em: <www.statista.com/chart/18345/crypto-currency-adoption/>. Acesso em: 24.01.2023.

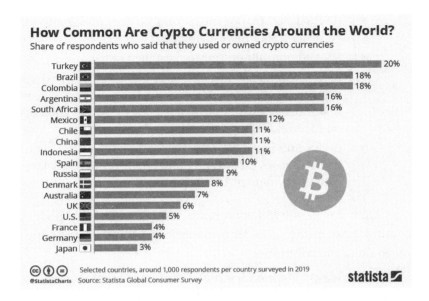

25. Conclusão

Se o *Bitcoin* é a criptomoeda do futuro, não é possível saber, mas, definitivamente, a maior contribuição de Satoshi Nakamoto para o mundo, seja ele quem for, é a solução para o dilema dos generais bizantinos, que permitiu substituir a confiança trazida pelo intermediário, em uma rede centralizada, por tecnologia, nas redes distribuídas. A criação do mecanismo de obtenção do consenso pela *proof of work* possui um enorme potencial transformador.

Contudo, é importante compreender que a segurança desse sistema depende, basicamente, do mecanismo de recompensa e incentivo envolvido na atividade de validação das transações, que incentiva a atuação honesta dos participantes, tornando mais vantajoso colaborar do que tentar fraudar a rede. É justamente por esse motivo que, quando leio notícias e entrevistas na mídia

V – O mercado de criptoativos **123**

de pessoas dizendo que não acreditam no *Bitcoin*, mas acham *Blockchain* revolucionário, sempre penso: "Senhor, perdoai-lhes, eles não sabem o que dizem". Quem não se dedica a estudar, com a profundidade necessária, essa tecnologia, talvez nunca compreenda a importância do *Bitcoin*.

Apesar de a lei estar sempre vários passos atrás das inovações, o Direito é uma área que pode ser fortemente beneficiada por essa tecnologia e, principalmente, pelo mecanismo de substituição do modelo de confiança. Entretanto, não apenas o Direito mas também a forma como a sociedade se organiza atualmente, sempre em torno de fortes centros de poder, tendem a mudar para modelos mais descentralizados, o que pode garantir, ao longo do tempo, mais autonomia, privacidade e independência aos indivíduos sobre seus recursos, ativos, dados e informações.

Essa tendência vem se fortalecendo tanto no campo das transações de valores quanto no campo da privacidade de dados, visando garantir maior autonomia aos indivíduos sobre suas informações pessoais, a exemplo da aprovação do GDPR (*General Data Protection Regulation*) na Comunidade Europeia e da própria LGPD (Lei Geral de Proteção de Dados), que entrou em vigor no Brasil em agosto de 2020.

Situações antes inimagináveis, como a manipulação de eleitores na última campanha presidencial americana, no que ficou conhecido como o caso Cambridge Analytica, trouxeram aos cidadãos a terrível sensação de monitoramento e vigilância constante, que já havia sido levantada pelo episódio Edward Snowden.

Esse panorama, aliado às mazelas financeiras que vemos acontecer com os cidadãos de países como Venezuela, Índia e até mesmo Brasil, resultado do uso da moeda como instrumento de controle por governos autoritários, deixa claro qual a potência dessa tecnologia.

124   Criptoativos e *Blockchain*: Tecnologia e Regulamentação

A tecnologia que estudamos vem sendo descrita como a maior inovação desde a internet e com poder para revolucionar o mundo. E, quando uma revolução chega, nada consegue impedi-la.

"You can't hold the tide with a broom. (...) A revolution is coming."

Blade Runner 2049[74]

---

[74]   Sequência do filme *Blade Runner*, de 1982, baseado no livro *Do androids dream of electric sheep?*, de Philip K. Dick, de 1968.

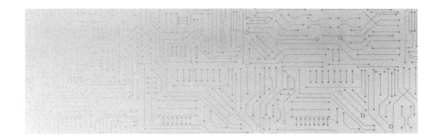

Referências bibliográficas

ANTONOPOULOS, Andreas. *Mastering Bitcoin*. Sebastopol: O'Reilly, 2010.

ANTONOPOULOS, Andreas. *Mastering Bitcoin*. Sebastopol: O'Reilly, 2014. Disponível em: <http://shop.oreilly.com/product/0636920032281.do>. Acesso em: 23.01.2023.

ANTONOPOULOS, Andreas. *The internet of money*. Michigan: Merkle Bloom LLC, 2016

BANCO CENTRAL DO BRASIL. Circular 3.691, de 16 de dezembro de 2013. Regulamenta a Resolução 3.568, de 29 de maio de 2008, que dispõe sobre o mercado de câmbio e dá outras providências. *Diário Oficial da União*: seção 1, Brasília, DF, 17.12.2013.

BANCO CENTRAL DO BRASIL. Comunicado 25.306, de 19 de fevereiro de 2014. Esclarece sobre os riscos decorrentes da aquisição das chamadas "moedas virtuais" ou "moedas criptografadas" e da realização de transações com elas. *Diário Oficial da União*: seção 3, Brasília, DF, p. 105, 20.02.2014).

BANCO CENTRAL DO BRASIL. Comunicado 31.379, de 16 de novembro de 2017. Alerta sobre os riscos decorrentes de operações de guarda e negociação das denominadas moedas virtuais. *Diário Oficial da União*, 17.11.2017.

BLADE Runner. Direção: Ridley Scott. Produção: Michael Deeley. Elenco: Harrison Ford, Rutger Hauer, Sean Young. Roteiro: Philip K. Dick, David Webb Peoples. [*S. l.*]: Warner Bros. Pictures, 1982. 1h57min.

BRASIL. Lei 6.385/1976, de 7 de dezembro de 1976. Dispõe sobre o mercado de valores mobiliários e cria a Comissão de Valores Mobiliários. 09.12.1976.

BRASIL. Lei 6.404, de 15 de dezembro de 1976. Dispõe sobre as Sociedades por Ações. *Diário Oficial da União*, 17.12.1976.

BRASIL. Lei 7.492, de 16 de junho de 1986. Define os crimes contra o sistema financeiro nacional, e dá outras providências. *Diário Oficial da União*, 18.06.1986.

BRASIL. Lei 13.259, de 16 de março de 2016. Altera as Leis 8.981, de 20 de janeiro de 1995, para dispor acerca da incidência de imposto sobre a renda na hipótese de ganho de capital em decorrência da alienação de bens e direitos de qualquer natureza, e 12.973, de 13 de maio de 2014, para possibilitar opção de tributação de empresas coligadas no exterior na forma de empresas controladas; e regulamenta o inciso XI do art. 156 da Lei 5.172, de 25 de outubro de 1966 – Código Tributário Nacional. *Diário Oficial da União*, 17.03.2016.

Referências bibliográficas **127**

BRASIL. Resolução CVM 160, de 13 de julho de 2022. Dispõe sobre as ofertas públicas de distribuição primária ou secundária de valores mobiliários e a negociação dos valores mobiliários ofertados nos mercados regulamentados, e revoga as Instruções CVM 400, de 29 de dezembro de 2003, CVM 471, de 8 de agosto de 2008, CVM 476, de 16 de janeiro de 2009, CVM 530, de 22 de novembro de 2012, e as Deliberações CVM 476, de 25 de janeiro de 2005, CVM 533, de 29 de janeiro de 2008, CVM 809, de 19 de fevereiro de 2019, CVM 818, de 30 de abril de 2019 e CVM 850, de 7 de abril de 2020. *Diário Oficial da União*, 14.07.2022.

BUCHHOLZ, Katharina. How common is Crypto? *Statista*, 17.03.2021. Disponível em: <www.statista.com/chart/18345/crypto-currency-adoption/>. Acesso em: 24.01.2023.

CAMPOS, Emília Malgueiro. *Criptomoedas e* Blockchain: o direito no mundo digital. Rio de Janeiro: Lumen Juris, 2018.

COMISSÃO especial destinada a proferir parecer ao Projeto de Lei 2.303, de 2015, do sr. Aureo, que "Dispõe sobre a inclusão das moedas virtuais e programas de milhagem aéreas na definição de 'arranjos de pagamento' sob a supervisão do banco Central". Disponível em: <www.camara.gov.br/proposicoesWeb/prop_mostrarintegra?codteor=1632751&filename=SBT+1+PL230315+%3D%3E+PL+2303/2015>. Acesso em: 24.01.2023.

FILIPPI, Primavera De. 100 Women on P2P. *Commons Transition*, 31.07.2015, Disponível em: <http://commonstransition.org>. Acesso em: 23.01.2023.

128 Criptoativos e *Blockchain*: Tecnologia e Regulamentação

GRAHAM, Paul. Bitcoin by analogy. *Yevgeniy Brikman*, 24.04.2014. Disponível em: <www.ybrikman.com/writing/2014/04/24/bitcoin-by-analogy/>. Acesso em: 30.01.2023.

HENRIQUE HK. Rússia permitirá que empresas aceitem *Bitcoin* em acordos internacionais. *Livecoins*, 04.10.2022, Disponível em: <https://livecoins.com.br/russia-permitira-que--empresas-aceitem-bitcoin-em-acordos-internacionais/>. Acesso em: 24.01.2023.

HUGHES, Eric. *A Cypherpunk's Manifesto*, 1993.

INTERNAL REVENUE SERVICE. *Notice 2014-21*, IR-2014-36, 25.03.2014. Disponível em: <www.virtualcurrencyreport. com/2014/03/irs-clarifies-tax-treatment-of-bitcoin-and--other-convertiblecurrencies>. Acesso em: 24.01.2023.

LESSIG, Lawrence. *Code*: version 2.0. Nova York: Basic Books, 2006.

MAGNOLI, Demétrio. *História da paz*. São Paulo: Editora Contexto, 2008.

MATOS, Gino. CEOs de *exchanges* brasileiras falam sobre mercado de criptoativos pós IN 1888. *CriptoFacil*, 09.10.2019. Disponível em: <www.criptofacil.com/ceos-de-exchanges-brasileiras-falam-sobre-mercado-de-criptoativos-pos--in-1888/>. Acesso em: 24.01.2023.

NAKAMOTO, Satoshi. *Bitcoin*: a peer-to-peer electronic cash system. 2008. Disponível em: <https://bitcoin.org/bitcoin. pdf>. Acesso em: 03.02.2023.

ORGANIZAÇÃO INTERNACIONAL DAS COMISSÕES DE VALORES. *Metodologia para avaliar a implementação dos objectivos*

Referências bibliográficas **129**

e princípios da regulação de valores mobiliários da Iosco. 2013. Disponível em: <www.iosco.org/library/pubdocs/pdf/IOS-COPD359-Portuguese.pdf>. Acesso em: 30.01.2023.

PARK, Sunoo et al. SpaceMint: a Cryptocurrency Based on Proofs of Space. Financial Cryptography and Data Security: 22nd International Conference, FC 2018, Nieuwpoort, Curaçao, 2018. Disponível em: <https://link.springer.com/chapter/10.1007/978-3-662-58387-6_26>. Acesso em: 23.01.2023.

PARLIAMENT OF AUSTRALIA. Chapter 2 – Overview and recent developments. *Digital currency – game changer or bit player*. Canberra: Commonwealth of Australia, 2015 Disponível em: <www.aph.gov.au/Parliamentary_Business/Committees/Senate/Economics/Digital_currency/Report/c02>. Acesso em: 24.01.2023.

PINHO, Débora. O dia em que Collor confiscou sua poupança. Conjur, 25.06.2009. Disponível em: <www.conjur.com.br/2009-jun-25/imagens-historia-dia-collor-confiscou-poupanca>. Acesso em: 25.01.2023.

PL 2303/15 – Banco Central – Regulamentação de Moedas Virtuais – Debate e eleição de vice-presidente. [S. l.: s. n.], 2019. 1 vídeo (2h22min49s). Publicado pelo canal Câmara dos Deputados. Disponível em: <www.youtube.com/watch?v=cztc4AryCwo&t=539s>. Acesso em: 24.01.2023.

PORTAL DO BITCOIN. *Santander lançará aplicativo alimentado pela* Ripple. 03.02.2018. Disponível em: <https://portaldobitcoin.com/santander-lancara-aplicativo-alimentado-pela-ripple/>. Acesso em: 23.01.2023.

REYES, Carla L. Moving beyond Bitcoin to an endogenous theory of decentralized ledger technology regulation: an initial proposal. *Villanova Law Review*, v. 61, 2016. Disponível em: <https://digitalcommons.law.villanova.edu/vlr/vol61/iss1/5>. Acesso em: 23.01.2023.

RIBEIRO, Aureo. *Projeto de Lei 2.303/2015*. Dispõe sobre a inclusão das moedas virtuais e programas de milhagem aéreas na definição de "arranjos de pagamento" sob a supervisão do Banco Central. Disponível em: <https://www.camara.leg.br/proposicoesWeb/fichadetramitacao?idProposic ao=1555470>. Acesso em: 24.01.2023.

ROSIC, Ameer. *Smart contracts*: the Blockchain technology that will replace lawyers.

SENADO DO CANADÁ. Relatório do Comitê sobre Bancos, Câmbio e Comércio. *Digital currency*: you can't flip this coin!, jun. 2015.

SIEGEL, David. Equity token finance. *HackerNoon*, 20.10.2017. Disponível em: <https://hackernoon.com/equity-token-finance-1eeeb14f20f8>. Acesso em: 24.01.2023.

SZABO, Nick. Smart contracts: building blocks for digital markets. *Extropy*, 1996.

U.S. Securities and Exchange Commission. *Report of Investigation Pursuant to Section 21(a) of the Securities Exchange Act of 1934*: The DAO. Release n. 81207, 25.07.2017. Disponível em: <www.sec.gov/litigation/investreport/34-81207.pdf>. Acesso em: 24.01.2023.

U.S. Securities and Exchange Commission. Investor Alert: Public Companies Making ICO-Related Claims. Investor.gov,

28.08.2017 Disponível em: <www.investor.gov/additional-resources/news-alerts/alerts-bulletins/investor--alert-public-companies-making-ico-related>. Acesso em: 24.01.2023.

ZHANG, Laney et al. *Taxation of cryptocurrency block rewards in selected jurisdictions*. Washington, D.C.: The Law Library of Congress, Global Legal Research Directorate, 2021. Disponível em: <www.loc.gov/item/2021666100/>. Acesso em: 24.01.2023.

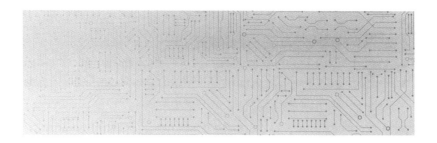

Anexo – Legislação

LEI Nº 14.478, DE 21 DE DEZEMBRO DE 2022

> Dispõe sobre diretrizes a serem observadas na prestação de serviços de ativos virtuais e na regulamentação das prestadoras de serviços de ativos virtuais; altera o Decreto-Lei nº 2.848, de 7 de dezembro de 1940 (Código Penal), para prever o crime de fraude com a utilização de ativos virtuais, valores mobiliários ou ativos financeiros; e altera a Lei nº 7.492, de 16 de junho de 1986, que define crimes contra o sistema financeiro nacional, e a Lei nº 9.613, de 3 de março de 1998, que dispõe sobre lavagem de dinheiro, para incluir as prestadoras de serviços de ativos virtuais no rol de suas disposições.

O PRESIDENTE DA REPÚBLICA Faço saber que o Congresso Nacional decreta e eu sanciono a seguinte Lei:

Art. 1º Esta Lei dispõe sobre diretrizes a serem observadas na prestação de serviços de ativos virtuais e na regulamentação das prestadoras de serviços de ativos virtuais.

Parágrafo único. O disposto nesta Lei não se aplica aos ativos representativos de valores mobiliários sujeitos ao regime da Lei nº 6.385, de 7 de dezembro de 1976, e não altera nenhuma competência da Comissão de Valores Mobiliários.

Art. 2º As prestadoras de serviços de ativos virtuais somente poderão funcionar no País mediante prévia autorização de órgão ou entidade da Administração Pública federal.

Parágrafo único. Ato do órgão ou da entidade da Administração Pública federal a que se refere o *caput* estabelecerá as hipóteses e os parâmetros em que a autorização de que trata o *caput* deste artigo poderá ser concedida mediante procedimento simplificado.

Art. 3º Para os efeitos desta Lei, considera-se ativo virtual a representação digital de valor que pode ser negociada ou transferida por meios eletrônicos e utilizada para realização de pagamentos ou com propósito de investimento, não incluídos:

I – moeda nacional e moedas estrangeiras;

II – moeda eletrônica, nos termos da Lei nº 12.865, de 9 de outubro de 2013;

III – instrumentos que provejam ao seu titular acesso a produtos ou serviços especificados ou a benefício proveniente desses produtos ou serviços, a exemplo de pontos e recompensas de programas de fidelidade; e

IV – representações de ativos cuja emissão, escrituração, negociação ou liquidação esteja prevista em lei ou regulamento, a exemplo de valores mobiliários e de ativos financeiros.

Parágrafo único. Competirá a órgão ou entidade da Administração Pública federal definido em ato do Poder Executivo estabelecer quais serão os ativos financeiros regulados, para fins desta Lei.

Art. 4º A prestação de serviço de ativos virtuais deve observar as seguintes diretrizes, segundo parâmetros a serem estabelecidos pelo órgão ou pela entidade da Administração Pública federal definido em ato do Poder Executivo:

I – livre iniciativa e livre concorrência;

II – boas práticas de governança, transparência nas operações e abordagem baseada em riscos;

III – segurança da informação e proteção de dados pessoais;

IV – proteção e defesa de consumidores e usuários;

V – proteção à poupança popular;

VI – solidez e eficiência das operações; e

VII – prevenção à lavagem de dinheiro e ao financiamento do terrorismo e da proliferação de armas de destruição em massa, em alinhamento com os padrões internacionais.

Art. 5º Considera-se prestadora de serviços de ativos virtuais a pessoa jurídica que executa, em nome de terceiros, pelo menos um dos serviços de ativos virtuais, entendidos como:

I – troca entre ativos virtuais e moeda nacional ou moeda estrangeira;

II – troca entre um ou mais ativos virtuais;

III – transferência de ativos virtuais;

IV – custódia ou administração de ativos virtuais ou de instrumentos que possibilitem controle sobre ativos virtuais; ou

V – participação em serviços financeiros e prestação de serviços relacionados à oferta por um emissor ou venda de ativos virtuais.

Parágrafo único. O órgão ou a entidade da Administração Pública federal indicado em ato do Poder Executivo poderá autorizar a realização de outros serviços que estejam, direta ou indiretamente, relacionados à atividade da prestadora de serviços de ativos virtuais de que trata o *caput* deste artigo.

Art. 6º Ato do Poder Executivo atribuirá a um ou mais órgãos ou entidades da Administração Pública federal a disciplina do funcionamento e a supervisão da prestadora de serviços de ativos virtuais.

Art. 7º Compete ao órgão ou à entidade reguladora indicada em ato do Poder Executivo Federal:

I – autorizar funcionamento, transferência de controle, fusão, cisão e incorporação da prestadora de serviços de ativos virtuais;

II – estabelecer condições para o exercício de cargos em órgãos estatutários e contratuais em prestadora de serviços de ativos virtuais e autorizar a posse e o exercício de pessoas para cargos de administração;

III – supervisionar a prestadora de serviços de ativos virtuais e aplicar as disposições da Lei nº 13.506, de 13 de novembro de 2017, em caso de descumprimento desta Lei ou de sua regulamentação;

IV – cancelar, de ofício ou a pedido, as autorizações de que tratam os incisos I e II deste *caput*; e

V – dispor sobre as hipóteses em que as atividades ou operações de que trata o art. 5º desta Lei serão incluídas no mercado de câmbio ou em que deverão submeter-se à regulamentação de capitais brasileiros no exterior e capitais estrangeiros no País.

Parágrafo único. O órgão ou a entidade da Administração Pública federal de que trata o *caput* definirá as hipóteses que poderão provocar o cancelamento previsto no inciso IV do *caput* deste artigo e o respectivo procedimento.

Art. 8º As instituições autorizadas a funcionar pelo Banco Central do Brasil poderão prestar exclusivamente o serviço de ativos virtuais ou cumulá-lo com outras atividades, na forma da regulamentação a ser editada por órgão ou entidade da Administração Pública federal indicada em ato do Poder Executivo federal.

Art. 9º O órgão ou a entidade da Administração Pública federal de que trata o *caput* do art. 2º desta Lei estabelecerá condições e prazos, não inferiores a 6 (seis) meses, para adequação das prestadoras de serviços de ativos virtuais que estiverem em atividade às disposições desta Lei e às normas por ele estabelecidas.

Art. 10. O Decreto-Lei nº 2.848, de 7 de dezembro de 1940 (Código Penal), passa a vigorar acrescido do seguinte art. 171-A:

"Fraude com a utilização de ativos virtuais, valores mobiliários ou ativos financeiros

Art. 171-A. Organizar, gerir, ofertar ou distribuir carteiras ou intermediar operações que envolvam ativos virtuais, valores mobiliários ou quaisquer ativos financeiros com o fim de obter vantagem ilícita, em prejuízo alheio, induzindo ou mantendo alguém em erro, mediante artifício, ardil ou qualquer outro meio fraudulento.

Pena – reclusão, de 4 (quatro) a 8 (oito) anos, e multa."

Art. 11. O parágrafo único do art. 1º da Lei nº 7.492, de 16 de junho de 1986, passa a vigorar com as seguintes alterações:

"Art. 1º ....

Parágrafo único. ....

....

I-A – a pessoa jurídica que ofereça serviços referentes a operações com ativos virtuais, inclusive intermediação, negociação ou custódia;

...." (NR)

Art. 12. A Lei nº 9.613, de 3 de março de 1998, passa a vigorar com as seguintes alterações:

"Art. 1º ....

....

§ 4º A pena será aumentada de 1/3 (um terço) a 2/3 (dois terços) se os crimes definidos nesta Lei forem cometidos de forma reiterada, por intermédio de organização criminosa ou por meio da utilização de ativo virtual.

...." (NR)

"Art. 9º ....

....

Parágrafo único. ....

....

XIX – as prestadoras de serviços de ativos virtuais." (NR)

"Art. 10. ....

Anexo – Legislação 139

II – manterão registro de toda transação em moeda nacional ou estrangeira, títulos e valores mobiliários, títulos de crédito, metais, ativos virtuais, ou qualquer ativo passível de ser convertido em dinheiro, que ultrapassar limite fixado pela autoridade competente e nos termos de instruções por esta expedidas;

...." (NR)

"Art. 12-A. Ato do Poder Executivo federal regulamentará a disciplina e o funcionamento do Cadastro Nacional de Pessoas Expostas Politicamente (CNPEP), disponibilizado pelo Portal da Transparência.

§ 1º Os órgãos e as entidades de quaisquer Poderes da União, dos Estados, do Distrito Federal e dos Municípios deverão encaminhar ao gestor CNPEP, na forma e na periodicidade definidas no regulamento de que trata o *caput* deste artigo, informações atualizadas sobre seus integrantes ou ex-integrantes classificados como pessoas expostas politicamente (PEPs) na legislação e regulação vigentes.

§ 2º As pessoas referidas no art. 9º desta Lei incluirão consulta ao CNPEP entre seus procedimentos para cumprimento das obrigações previstas nos arts. 10 e 11 desta Lei, sem prejuízo de outras diligências exigidas na forma da legislação.

§ 3º O órgão gestor do CNPEP indicará em transparência ativa, pela internet, órgãos e entidades que deixem de cumprir a obrigação prevista no § 1º deste artigo."

Art. 13. Aplicam-se às operações conduzidas no mercado de ativos virtuais, no que couber, as disposições da Lei nº 8.078, de 11 de setembro de 1990 (Código de Defesa do Consumidor).

Art. 14. Esta Lei entra em vigor após decorridos 180 (cento e oitenta) dias de sua publicação oficial.

Brasília, 21 de dezembro de 2022; 201º da Independência e 134º da República.

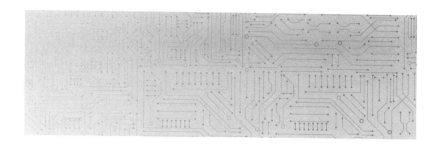

Banco Central – COMUNICADO Nº 25.306, DE 19 DE FEVEREIRO DE 2014

Esclarece sobre os riscos decorrentes da aquisição das chamadas "moedas virtuais" ou "moedas criptografadas" e da realização de transações com elas.

O Banco Central do Brasil esclarece, inicialmente, que as chamadas moedas virtuais não se confundem com a "moeda eletrônica" de que tratam a Lei nº 12.865, de 9 de outubro de 2013, e sua regulamentação infralegal. Moedas eletrônicas, conforme disciplinadas por esses atos normativos, são recursos armazenados em dispositivo ou sistema eletrônico que permitem ao usuário final efetuar transação de pagamento denominada em moeda nacional. Por sua vez, as chamadas moedas virtuais possuem forma própria de denominação, ou seja, são denominadas em unidade de conta distinta das moedas emitidas por

142 Criptoativos e *Blockchain*: Tecnologia e Regulamentação

governos soberanos, e não se caracterizam dispositivo ou sistema eletrônico para armazenamento em reais.

2. A utilização das chamadas moedas virtuais e a incidência, sobre elas, de normas aplicáveis aos sistemas financeiro e de pagamentos têm sido temas de debate internacional e de manifestações de autoridades monetárias e de outras autoridades públicas, com poucas conclusões até o momento.

3. As chamadas moedas virtuais não são emitidas nem garantidas por uma autoridade monetária. Algumas são emitidas e intermediadas por entidades não financeiras e outras não têm sequer uma entidade responsável por sua emissão. Em ambos os casos, as entidades e pessoas que emitem ou fazem a intermediação desses ativos virtuais não são reguladas nem supervisionadas por autoridades monetárias de qualquer país.

4. Essas chamadas moedas virtuais não têm garantia de conversão para a moeda oficial, tampouco são garantidos por ativo real de qualquer espécie. O valor de conversão de um ativo conhecido como moeda virtual para moedas emitidas por autoridades monetárias depende da credibilidade e da confiança que os agentes de mercado possuam na aceitação da chamada moeda virtual como meio de troca e das expectativas de sua valorização. Não há, portanto, nenhum mecanismo governamental que garanta o valor em moeda oficial dos instrumentos conhecidos como moedas virtuais, ficando todo o risco de sua aceitação nas mãos dos usuários.

5. Em função do baixo volume de transações, de sua baixa aceitação como meio de troca e da falta de percepção clara sobre sua fidedignidade, a variação dos preços das chamadas moedas virtuais pode ser muito grande e rápida, podendo até mesmo levar à perda total de seu valor.

6. Na mesma linha, a eventual aplicação, por autoridades monetárias de quaisquer países, de medidas prudenciais, coercitivas ou punitivas sobre o uso desses ativos pode afetar significativamente o preço de tais moedas ou mesmo a capacidade de sua negociação.

7. Além disso, esses instrumentos virtuais podem ser utilizados em atividades ilícitas, o que pode dar ensejo a investigações conduzidas pelas autoridades públicas. Dessa forma, o usuário desses ativos virtuais, ainda que realize transações de boa-fé, pode se ver envolvido nas referidas investigações.

8. Por fim, o armazenamento das chamadas moedas virtuais nas denominadas carteiras eletrônicas apresenta o risco de que o detentor desses ativos sofra perdas patrimoniais decorrentes de ataques de criminosos que atuam no espaço da rede mundial de computadores.

9. No Brasil, embora o uso das chamadas moedas virtuais ainda não se tenha mostrado capaz de oferecer riscos ao Sistema Financeiro Nacional, particularmente às transações de pagamentos de varejo (art. 6º, § 4º, da Lei nº 12.685/2013), o Banco Central do Brasil está acompanhando a evolução da utilização de tais instrumentos e as discussões nos foros internacionais sobre a matéria – em especial sobre sua natureza, propriedade e funcionamento -, para fins de adoção de eventuais medidas no âmbito de sua competência legal, se for o caso.

ALDO LUIZ MENDES
Diretor de Política Monetária
LUIZ EDSON FELTRIM
Diretor de Regulação
Substituto

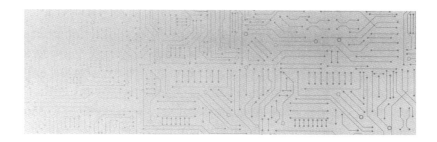

Banco Central – COMUNICADO Nº 31.379, DE 16 DE NOVEMBRO DE 2017

Alerta sobre os riscos decorrentes de operações de guarda e negociação das denominadas moedas virtuais. Considerando o crescente interesse dos agentes econômicos (sociedade e instituições) nas denominadas moedas virtuais, o Banco Central do Brasil alerta que estas não são emitidas nem garantidas por qualquer autoridade monetária, por isso não têm garantia de conversão para moedas soberanas, e tampouco são lastreadas em ativo real de qualquer espécie, ficando todo o risco com os detentores. Seu valor decorre exclusivamente da confiança conferida pelos indivíduos ao seu emissor. 2. A compra e a guarda das denominadas moedas virtuais com finalidade especulativa estão sujeitas a riscos imponderáveis, incluindo, nesse caso, a possibilidade de perda de todo o capital investido, além da típica variação de seu preço. O armazenamento das moedas virtuais também apresenta o risco de o detentor desses ativos sofrer perdas patrimoniais. 3. Destaca-se que as moedas virtuais, se utilizadas em atividades ilícitas, podem expor seus detentores a investigações conduzidas pelas autoridades públicas visando a apurar as responsabilidades penais e administrativas. 4. As empresas que negociam ou guardam as chamadas moedas virtuais em nome dos usuários, pessoas naturais ou jurídicas, não são reguladas, autorizadas ou supervisionadas pelo Banco Central do Brasil. Não há, no arcabouço legal e regulatório relacionado com o Sistema Financeiro Nacional, dispositivo específico sobre moedas virtuais. O Banco Central do Brasil, particularmente, não regula nem supervisiona operações com moedas virtuais. 5. A denominada moeda virtual não se confunde com a definição de moeda eletrônica de que trata a Lei nº 12.865, de 9 de outubro de 2013, e sua regulamentação por meio de atos normativos editados pelo Banco Central do Brasil, conforme diretrizes do Conselho Monetário Nacional. Nos termos da definição constante nesse arcabouço regulatório consideram-se moeda eletrônica "os recursos em reais armazenados em dispositivo ou sistema eletrônico que permitem ao usuário final efetuar transação de pagamento". Moeda eletrônica, portanto, é um modo de expressão de créditos denominados em reais. Por sua vez, as chamadas moedas virtuais não são referenciadas em reais ou em outras moedas estabelecidas por governos soberanos. 6. É importante ressaltar que as operações com moedas virtuais e com outros instrumentos conexos que impliquem transferências internacionais referenciadas em moedas estrangeiras não afastam a obrigatoriedade de se observar as normas cambiais, em especial a realização de transações exclusivamente por meio de instituições autorizadas pelo Banco Central do Brasil a operar no mercado de câmbio. 7. Embora as moedas virtuais tenham sido tema de debate internacional e de manifestações de autoridades monetárias e de outras autoridades públicas, não foi identificada, até a presente data, pelos organismos internacionais, a necessidade de regulamentação desses ativos. No Brasil, por enquanto, não se observam riscos relevantes para o Sistema Financeiro Nacional. Contudo, o Banco Central do Brasil permanece atento à evolução do uso das moedas virtuais, bem como acompanha as discussões nos foros internacionais sobre a matéria para fins de adoção de eventuais medidas, se for o caso, observadas as atribuições dos órgãos e das entidades competentes. 8. Por fim, o Banco Central do Brasil afirma seu compromisso de apoiar as inovações financeiras, inclusive as baseadas em novas tecnologias que tornem o sistema financeiro mais seguro e eficiente.

OTÁVIO RIBEIRO DAMASO REINALDO LE GRAZIE
Diretor de Regulação Diretor de Política Monetária

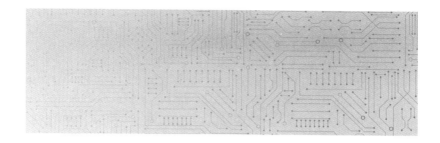

CVM – PARECER DE ORIENTAÇÃO Nº 40, DE 11 DE OUTUBRO DE 2022

Os CriptoAtivos e o Mercado de Valores Mobiliários

1. Objeto deste Parecer de Orientação

Criptoativos são ativos representados digitalmente, protegidos por criptografia, que podem ser objeto de transações executadas e armazenadas por meio de tecnologias de registro distribuído (Distributed Ledger Technologies – DLTs) [1]. Usualmente, os criptoativos (ou a sua propriedade) são representados por tokens, que são títulos digitais intangíveis.

Em cenário global, as discussões sobre a regulação dos criptoativos [2] estão ocorrendo em diversos países, com o reconhecimento de que este é um desafio transfronteiriço, que demanda orientações [3].

Este Parecer de Orientação consolida [4] o entendimento da CVM sobre as normas aplicáveis aos criptoativos que forem valores mobiliários. Desse modo, este trabalho esclarece os limites de atuação da Autarquia e a forma como a CVM pode e deve

150 Criptoativos e *Blockchain*: Tecnologia e Regulamentação

exercer seus poderes para normatizar, fiscalizar e disciplinar a atuação dos integrantes do mercado de capitais.

Embora ainda não haja legislação específica sobre o tema, este Parecer tem o objetivo de garantir maior previsibilidade e segurança, bem como de fomentar ambiente favorável ao desenvolvimento dos criptoativos, com integridade e com aderência a princípios constitucionais e legais relevantes. Desta forma, a CVM está contribuindo para (i) a proteção do investidor e da poupança popular; (ii) a prevenção e o combate à lavagem de dinheiro, (iii) prevenção e combate à corrupção; (iv) controle à evasão fiscal; e (v) prevenção e combate ao financiamento do terrorismo e/ou proliferação de armas de destruição em massa [5].

Os entendimentos constantes deste Parecer de Orientação estão sujeitos a modificações posteriores, na medida em que venha a ser sancionada legislação específica sobre a matéria ou, até mesmo, como consequência prática do permanente desenvolvimento da tecnologia, das características e das funções inerentes aos criptoativos.

2. Novas Tecnologias e Regulação

Esta Autarquia é receptiva às novas tecnologias que contribuem e influenciam positivamente a evolução do mercado de valores mobiliários. A adoção de tecnologias deve ser feita como uma forma de ampliação de horizontes e, não, uma limitação da extensão com que direitos podem ser exercidos.

Apesar de essas tecnologias não estarem, em si, sujeitas a regulamentação no âmbito do mercado de valores mobiliários, é importante destacar que, a depender da sua natureza e características, os serviços ou ativos desenvolvidos por meio delas podem estar sujeitos a regimes regulatórios específicos, nos termos da legislação aplicável. Nesse sentido, o fato de um serviço ou ativo ser desenvolvido ou ofertado digitalmente, por meio criptográfico ou baseado em tecnologia de registro distribuído, é irrelevante para o enquadramento de um ativo como valor mobiliário ou para a submissão de determinada atividade à regulamentação da CVM [6].

Nesse contexto, embora a tokenização [7] em si não esteja sujeita a prévia aprovação ou registro na CVM, caso venham a ser emitidos valores mobiliários com fins de distribuição pública, tanto os emissores quanto a oferta pública de tais tokens estarão sujeitos à regulamentação aplicável [8].

Da mesma forma, ainda que se utilizem de novas tecnologias, a administração de mercado organizado para negociação dos tokens, bem como os serviços de intermediação, escrituração, custódia, depósito centralizado, registro, compensação e liquidação de operações que envolvam valores mobiliários estarão sujeitos às regras aplicáveis a essas atividades.

3. Critério Funcional para Taxonomia de Tokens

Os criptoativos costumam ser designados como tokens e podem desempenhar diversas funções, razão pela qual acadêmicos e reguladores têm buscado formular uma taxonomia, ainda sem um entendimento uniforme sobre a classificação [9-10].

Sem prejuízo do acompanhamento dos debates conceituais sobre o tema, a CVM adotará abordagem funcional para enquadramento dos tokens em taxonomia que servirá para indicar o seu tratamento jurídico. Inicialmente, a taxonomia seguirá as seguintes categorias:

(i) Token de Pagamento (cryptocurrency ou payment token): busca replicar as funções de moeda, notadamente de unidade de conta, meio de troca e reserva de valor;

(ii) Token de Utilidade (utility token): utilizado para adquirir ou acessar determinados produtos ou serviços; e

(iii) Token referenciado a Ativo (asset-backed token): representa um ou mais ativos, tangíveis ou intangíveis. São exemplos os "security tokens", as stablecoins [11], os non-fungible tokens (NFTs) e os demais ativos objeto de operações de "tokenização".

As categorias citadas acima não são exclusivas ou estanques, de modo que um único criptoativo pode se enquadrar em uma ou mais categorias, a depender das funções que desempenha e dos direitos a ele associados.

A CVM entende que o token referenciado a ativo pode ou não ser um valor mobiliário e que sua caracterização como tal dependerá da essência econômica dos direitos conferidos a seus titulares, bem como poderá depender da função que assuma ao longo do desempenho do projeto a ele relacionado [12].

Nesse sentido, vale mencionar que a prática de mercado vem demonstrando que um token pode representar não só ativos, como também direitos de remuneração por empreendimento, direito a receber relacionado a estruturas assemelhadas às de securitização, ou, ainda, direito de voto [13]. A esse respeito, notamos que alguns desses modelos aproximam os tokens emitidos do conceito de valor mobiliário e, tendo isso em vista, reforçamos que referida taxonomia não se propõe a consolidar uma definição taxativa de cada classificação, tampouco a limitar o alcance desta Autarquia, cuja atuação dependerá da análise dos casos em concreto.

No mais, reforçamos que essa divisão é inicial. Sendo assim, poderá ser ampliada ou subdividida sempre que necessário para não restringir a evolução da regulação, em especial tendo em vista o permanente desenvolvimento da tecnologia e criação de novas estruturas ou operações para emissão de tokens.

4. Caracterização de Criptoativos como Valores Mobiliários

O conceito de valor mobiliário tem natureza instrumental e objetiva delimitar o regime mobiliário e, consequentemente, a competência da CVM [14]. Dessa forma, nas hipóteses em que determinado criptoativo é valor mobiliário, os emissores e demais agentes envolvidos estão obrigados a cumprir as regras estabelecidas para o mercado de valores mobiliários e poderão estar sujeitos à regulação da CVM.

Ainda que os criptoativos não estejam expressamente incluídos entre os valores mobiliários citados nos incisos do art. 2º da Lei nº 6.385/76, os agentes de mercado devem analisar as características de cada criptoativo com o objetivo de determinar se é valor mobiliário, o que ocorre quando:

(i) é a representação digital de algum dos valores mobiliários previstos taxativamente nos incisos I a VIII do art. 2º da Lei nº 6.385/76 e/ou previstos na Lei nº 14.430/2022 (i.e., certificados de recebíveis em geral); ou

(ii) enquadra-se no conceito aberto de valor mobiliário do inciso IX do art. 2º da Lei nº 6.385/76, na medida em que seja contrato de investimento coletivo

No que diz respeito aos criptoativos que se enquadram nos requisitos previstos no inciso IX do art. 2º da Lei nº 6.385/76,

154 Criptoativos e *Blockchain*: Tecnologia e Regulamentação

esta Autarquia já se manifestou em algumas ocasiões [15] para esclarecer que a caracterização de determinado ativo como um contrato de investimento coletivo não dependeria de manifestação prévia da CVM.

Ressalte-se que, ainda que invistam ou que assumam exposição em criptoativos que não sejam valores mobiliários, os contratos de investimento coletivo são valores mobiliários.

No mais, derivativos são, necessariamente, caracterizados como valores mobiliários, independentemente de seu ativo subjacente ser ou não um criptoativo, conforme art. 2°, inciso VIII, da Lei n° 6.385/76.

4.1. Contrato de Investimento Coletivo

O conceito aberto de valor mobiliário previsto no inciso IX do artigo 2° da Lei 6.385/76 tem inspiração em precedente da Suprema Corte dos Estados Unidos, do qual se extrai as premissas do "Teste de Howey" [16], que vem sendo utilizado pela CVM para avaliar se determinado ativo é valor mobiliário.

Ciente, portanto, de que a definição legal brasileira de contrato de investimento coletivo tem inspiração no direito americano, a CVM acompanha com atenção a interpretação naquela jurisdição dos casos em que criptoativos são enquadrados como valor mobiliário. Não obstante, ressalva-se que o entendimento pátrio pode ser distinto do estrangeiro em casos concretos, uma vez que a origem e a inspiração não determinam identidade conceitual, tampouco interpretativa.

Nesse sentido, o Colegiado da CVM tem reiteradamente considerado [17] as seguintes características de um contrato de investimento coletivo para decidir se determinado título é ou não é valor mobiliário:

(i) Investimento: aporte em dinheiro ou bem suscetível de avaliação econômica;

(ii) Formalização: título ou contrato que resulta da relação entre investidor e ofertante, independentemente de sua natureza jurídica ou forma específica;

(iii) Caráter coletivo do investimento;

(iv) Expectativa de benefício econômico [18]: seja por direito a alguma forma de participação, parceria ou remuneração, decorrente do sucesso da atividade referida no item (v) a seguir;

(v) Esforço de empreendedor ou de terceiro: benefício econômico resulta da atuação preponderante de terceiro que não o investidor; e

(vi) Oferta pública: esforço de captação de recursos junto à poupança popular.

Os 3 (três) últimos requisitos merecem detalhamento quando analisamos criptoativos [19].

4.1.1. Expectativa de Benefício Econômico

O benefício econômico esperado resulta diretamente do resultado do empreendimento (e.g., participação nos resultados do empreendimento), sendo certo que o resultado advém em última análise dos esforços do empreendedor ou de terceiros, e não de fatores externos, que fogem ao domínio do empreendedor [20].

Sendo assim, criptoativos que estabeleçam o direito de seus titulares participarem nos resultados do empreendimento, inclusive por meio de participação ou resgate do capital, acordos de remuneração e recebimento de dividendos, terão, em princípio, preenchido esse requisito.

156 Criptoativos e *Blockchain*: Tecnologia e Regulamentação

4.1.2 Esforço de Empreendedor ou de Terceiro

O item (v) do conceito de contrato de investimento coletivo exige que a remuneração seja preponderantemente decorrente de esforços de empreendedor ou de terceiros. Deve-se avaliar, portanto, a natureza e extensão da atuação desse agente para o sucesso do empreendimento. Esse requisito estará preenchido, por exemplo, nas situações em que a criação, aprimoramento, operação ou promoção do empreendimento dependam da atuação do promotor ou de terceiros.

4.1.3. Oferta Pública

A oferta pública de distribuição de valores mobiliários está disciplinada, no Brasil, pela Lei n° 6.404/76 e pela Lei n° 6.385/76 e, como regra geral, regulamentada pela Resolução CVM n° 160/22, que têm por fim assegurar a proteção do público investidor em geral e promover a eficiência e o desenvolvimento do mercado de valores mobiliários.

Tendo em vista que a oferta de tokens é realizada principalmente por meio da internet e sem restrição geográfica, é preciso analisar o tema à luz dos Pareceres de Orientação n° 32/05 e n° 33/05 que tratam, respectivamente: (i) sobre o uso da Internet em ofertas de valores mobiliários e na intermediação de operações; e (ii) sobre a intermediação de operações e oferta de valores mobiliários emitidos e admitidos à negociação em outras jurisdições.

De acordo com os referidos Pareceres de Orientação, a CVM analisará os casos concretos para avaliar se há oferta de valor mobiliário sujeita a sua competência e, para tanto, levará em conta a existência de medidas efetivas para impedir que o público em geral acesse a página contendo a oferta.

O contexto atual justifica complemento às diretrizes de referidos Pareceres de Orientação, considerando a popularização do uso das redes sociais para oferta de valores mobiliários e a regulamentação das plataformas eletrônicas de investimento participativo (crowdfunding), regidas pela Resolução CVM n° 88/22.

A CVM nota que é possível exibir página contendo ofertas de valores mobiliários apenas a usuários identificados por login e senha. Embora tal mecanismo de prevenção de acesso seja mencionado no Parecer de Orientação CVM n° 32/05, essas ofertas não são necessariamente privadas.

Nesse sentido, a existência de mecanismos de prevenção de acesso a páginas contendo ofertas de valores mobiliários e a inexistência de divulgação específica sobre uma oferta, isoladamente, não têm o condão de afastar o caráter público de uma oferta. Devem ser levados em consideração outros aspectos do caso concreto para avaliar a efetividade da medida, tais como o número de investidores alcançados e o número de subscritores, entre outros, sendo certo que há inúmeras ferramentas disponíveis para barrar o acesso da página (a exemplo de mecanismos de "geoblocking").

Além disso, as ofertas de intermediação de derivativos a investidores brasileiros também merecem nota, em complemento aos citados Pareceres de Orientação.

A esse respeito, nota-se que a oferta de valores mobiliários emitidos no exterior pode ser considerada irregular se não tiver registro na CVM. De acordo com o Parecer de Orientação CVM n° 33/05, a utilização de meios de comunicação "destinados a atingir o público em geral residente no Brasil" é um critério relevante para verificação de oferta pública irregular. Além disso, também é relevante a existência de texto para atrair investidores residentes no Brasil, ainda que em idioma estrangeiro. Por fim, deve-se avaliar se há emprego de medidas efetivas com o intuito de impedir que investidores residentes no Brasil tenham acesso ao conteúdo da página.

O Parecer de Orientação CVM nº 33/05 aponta que a CVM "também poderá considerar, para avaliar se a oferta foi dirigida a investidores residentes no Brasil, a utilização da língua portuguesa e a localização física do provedor".

O presente Parecer de Orientação reitera essas recomendações e sinaliza que a utilização de língua portuguesa na oferta e no suporte ao cliente pode vir a ser considerada suficiente para caracterizar oferta pública ou intermediação de operações com valores mobiliários emitidos no exterior, inclusive derivativos.

5. Regime Informacional e a Valorização da Transparência

A regulação do mercado de capitais adota o princípio da ampla e adequada divulgação (full and fair disclosure) como pedra fundamental do regime informacional, em linha com o modelo regulatório consagrado nos Estados Unidos, desde o Securities Act of 1933 [21].

Nessa mesma linha, esta Autarquia adota o entendimento de que ainda hoje: "sunlight is said to be the best of disinfectants; electric light the most efficient policeman" [22]. Sendo assim, a concentração inicial da CVM é no sentido de prestigiar a transparência em relação aos criptoativos e assegurar a observância do regime de divulgação de informações.

Essa será a abordagem inicial da CVM com relação aos valores mobiliários, inclusive aqueles representados na forma de criptoativos, sem prejuízo da avaliação quanto à necessidade de complementar a sua atuação com outras medidas a serem conjugadas a esta abordagem.

Não cabe à CVM interferir no exame de mérito das oportunidades de investimento oferecidas ao público em geral, por exemplo, mediante a seleção prévia daquelas julgadas mais promissoras, seguras ou merecedoras de outros atributos elogiosos. Em vez disso, compete à CVM proteger os titulares de valores mobiliários e os investidores do mercado, bem como assegurar o acesso do público a informações corretas, claras e completas sobre os valores mobiliários negociados, disponíveis a todos igualmente.

Assim, o sistema de divulgação de informações não é um fim em si mesmo, mas é um instrumento destinado a atingir a finalidade de que os investidores possam decidir de modo informado, por seu próprio juízo de mérito, sobre a aquisição, a manutenção ou a alienação dos valores mobiliários.

Para essa finalidade, a transparência deve ser um compromisso de emissores e, para além deles, na medida do possível, deve também ser buscada e valorizada por todos os integrantes do sistema de distribuição de valores mobiliários nas suas respectivas atividades.

Nesse sentido, a regulamentação da CVM é aplicável e deve ser observada quando da realização de ofertas públicas de criptoativos que sejam considerados valores mobiliários, destacando-se, primariamente, as normas que dispõem:

(i) sobre o registro e a prestação de informações periódicas e eventuais dos emissores de valores mobiliários admitidos à negociação em mercados regulamentados de valores mobiliários – Resolução CVM nº 80/22; e

(ii) sobre as ofertas públicas de distribuição primária ou secundária de valores mobiliários e a negociação dos valores mobiliários ofertados nos mercados regulamentados.

Além desses 2 (dois) regimes regulatórios, que se complementam, e que dão cumprimento aos comandos legais previstos nos arts. 19 e 21 da Lei nº 6.385/76, destacam-se as regulamentações específicas que tratam de regimes especiais em função das características dos emissores e da oferta pública, tais como:

i)   a Resolução CVM nº 88/22, que dispõe sobre a oferta pública de distribuição de valores mobiliários de emissão de sociedades empresárias de pequeno porte realizada com dispensa de registro por meio de plataforma eletrônica de investimento participativo; e

ii) a Resolução CVM nº 86/22, que dispõe sobre a oferta pública de distribuição de contratos de investimento coletivo hoteleiro.

Sem pretender listar exaustivamente todas as regulamentações que possam ser aplicáveis a um tipo específico de criptoativo que seja valor mobiliário, em função de suas características e das de seu emissor, é fundamental destacar que os regimes regulatórios vigentes já preveem a necessidade de prestações de informações aos investidores, sejam elas direcionadas ao momento de tomada de decisão de investimento, ou posteriormente a ele, de forma a permitir o acompanhamento acerca do andamento do negócio e para fins do cumprimento do princípio do full and fair disclosure, pressuposto para que um valor mobiliário possa estar admitido à negociação em mercado organizado.

Além disso, a admissão à negociação secundária de qualquer valor mobiliário, inclusive aqueles representados na forma dos criptoativos, deve ocorrer em mercados organizados que possuam autorização da CVM, nos termos da Resolução CVM nº 135/22.

Deve-se observar, ainda, a aplicabilidade das normas relacionadas à: (i) prestação de serviços de depósito centralizado de valores mobiliários; (ii) prestação de serviços de compensação e liquidação de valores mobiliários; e (iii) prestação de serviços de escrituração de valores mobiliários e de emissão de certificados de valores mobiliários.

Dessa forma, considerando o arcabouço vigente, a CVM orienta aqueles que buscam a realização de ofertas públicas ao amparo da regulamentação vigente a considerar a pertinência de incluir, no contexto da elaboração dos documentos previstos nas normas exigíveis, conforme o caso, um conjunto mínimo de informações específicas e que se relacionam aos valores mobiliários.

Essas informações influenciarão o juízo da CVM sobre os pedidos e poderão nortear a criação de um regime mais flexível no futuro, na certeza de que esta é uma abordagem inicial, sujeita às evoluções e ao desenvolvimento da tecnologia, das características e das funções inerentes aos criptoativos.

Nesse sentido, a lista a seguir é exemplificativa, sendo certo que não substitui a regulação vigente. Reforçamos, ainda, que parte das informações sugeridas abaixo servirá estritamente para informação do público alvo, não sendo papel da CVM impor parâmetros mínimos no que diz respeito ao funcionamento dos criptoativos que não são valores mobiliários.

162 Criptoativos e *Blockchain*: Tecnologia e Regulamentação

5.1. Informações sobre os Direitos dos Titulares dos Tokens

Recomenda-se, dentre outras, a prestação das seguintes informações, em linguagem acessível ao público e ao mercado em geral:

a) Identificação do emissor dos tokens que será beneficiário dos recursos de oferta e de todos os participantes do procedimento de oferta e seus papéis, explicitando a existência de partes relacionadas;

b) Descrição das atividades do emissor dos tokens ou de terceiros cujo esforço é relevante para a expectativa de benefício econômico, em especial no que concerne a novas emissões, gestão de ativos que servem de lastro aos tokens, contratação de provedores de liquidez, gestão do ciclo de vida do software (ex. decisões acerca de forks), resposta a incidentes cibernéticos, resgate e amortização de pagamentos, envio de informações periódicas ou eventuais aos investidores, ações de marketing e quaisquer outras atividades que possam influenciar na expectativa de benefício econômico;

c) Descrição, se houver, dos direitos conferidos aos titulares dos tokens, especialmente pagamento de remuneração ou participação em resultados, direito de participar de deliberações, direito de remuneração condicionada à realização de determinadas atividades;

d) Todas as informações que embasem expectativas de benefício econômico como resultado da aquisição do token, bem como eventual expectativa por valorização em mercado secundário, na medida em que decorrente de esforços do empreendedor, em especial se houver compromisso do emissor com listagem dos tokens em ambientes de negociação;

e) Mecanismo de consenso e descrição adequada ao público em geral sobre o processo de emissão de tokens,

Anexo – Legislação **163**

especialmente controles de estabilidade de preços, se aplicável;

f) Materiais de apoio ao investidor sobre funções e riscos ligados à tecnologia, de modo a mitigar assimetrias de informação decorrente de hipossuficiência técnica, em especial na hipótese em que o ativo comporte complexidades (a título exemplificativo, em tokens recebidos como contrapartida de depósitos em soluções DeFi, quando o protocolo impuser critérios de liquidação compulsória, se houver riscos de inflation bug, impermanent loss e outros), se aplicável;

g) Identificação de canais de suporte ao investidor e termos de qualidade mínima do serviço (SLA – service level agreement), se aplicável;

h) Eventuais taxas e outros encargos suportados pelo investidor na subscrição de ofertas, negociação ou pela mera titularidade dos tokens, se aplicável.

5.2. *Informações sobre Negociação, Infraestrutura e Propriedade dos Tokens*

Recomenda-se, dentre outras, a prestação das seguintes informações, em linguagem acessível ao público e ao mercado em geral:

a) Identificação clara das vantagens da utilização da tecnologia de registro distribuído;

b) Descrição das desvantagens da utilização da tecnologia de registro distribuído, em especial sobre desempenho em comparação com mecanismos tradicionais e eventuais efeitos adversos ao meio ambiente;

c) Aplicabilidade dos serviços de depósito centralizado de valores mobiliários, compensação e liquidação de valores mobiliários, custódia de valores mobiliários,

164 Criptoativos e *Blockchain*: Tecnologia e Regulamentação

e escrituração de valores mobiliários e de emissão de certificados de valores mobiliários;

d) Descrição da gestão da propriedade dos tokens (em especial se o investidor poderá ter o controle da chave privada, se a custódia será delegada, se haverá um prestador de serviços contratado para oferta, a exemplo de intermediário na subscrição de uma oferta, de custodiante ou de depositário) e dos ativos que servem de lastro para os tokens (sejam ativos reais ou puramente digitais, como NFTs – Non-Fungible Tokens);

e) Regras de governança do protocolo, indicando os diferentes papéis de participantes da rede, caráter público ou privado da rede, critérios e responsáveis para definição e assunção desses papéis e identificação de participantes relevantes;

f) Descrição das regras para identificação dos titulares dos tokens e tratamento de seus dados pessoais;

g) Indicação das entidades administradora de mercado organizado autorizada pela CVM ou outras plataformas de negociação nas quais o token será ou poderá ser admitido à negociação;

h) Controles de origem dos recursos utilizados para aquisição de tokens e compromisso com a comunicação de operações suspeitas de lavagem de dinheiro, financiamento do terrorismo e/ou financiamento da proliferação de armas de destruição em massa; e

i) Planejamento de novas funcionalidades e alteração das regras de governança e mecanismo de consenso, se aplicável.

6. Papel dos Intermediários

Os intermediários em mercado secundário que atuem, direta ou indiretamente, na oferta de criptoativos devem observar a regulação da CVM, no que concerne à negociação de valores mobiliários. A realização de ofertas ou intermediação de criptoativos deve levar em consideração as eventuais repercussões dessa atividade e o seu enquadramento nas normas vigentes aplicáveis, de forma geral, a sua atuação no mercado de valores mobiliários.

De igual forma, o intermediário não pode se isentar de garantir, na oferta de tais criptoativos, um adequado nível de transparência e informação a respeito das características e riscos associados a tais ativos, em particular quando oferecidos de forma direta, ou seja, não por meio de um produto regulado (fundos de investimento ou exchange traded fund – ETF, por exemplo), que já conte com suas próprias regras de transparência mínima.

Por fim, a instituição intermediária deve promover due diligence adequada sobre os controles internos de parceiros comerciais, inclusive no que diz respeito aos prestadores de serviço da indústria de criptoativos que não transacionem com valores mobiliários, com o objetivo de mitigar a eventual materialização de riscos que possam impactar o intermediário.

Cabe ao intermediário também avaliar se o investidor deve ser informado sobre a natureza e extensão da parceria comercial. Da mesma forma, devem ser avaliadas as segregações e proteções de natureza operacional, estrutural e regulatória que o intermediário possui para evitar que eventuais problemas provenientes de ambientes de negociação de criptoativos que não são valores mobiliários impactem seus próprios negócios.

No mais, ao estabelecer parceria com prestador de serviços que oferte criptoativos que não são valores mobiliários ou serviços ligados à cripto economia, o intermediário deve informar sobre os riscos envolvidos nesse tipo de aplicação, em linguagem acessível e adequada ao público a que se destina, de modo

166 Criptoativos e *Blockchain*: Tecnologia e Regulamentação

que o destinatário possa avaliar se o produto é compatível com seu perfil de riscos.

7. Fundos de Investimento

À medida que novos ativos são incorporados ao universo regulado, a CVM espera que, de maneira razoável e proporcional, sejam adotados novos critérios e diligências objetivando maiores níveis de transparência, de modo a preservar a eficiência e integridade dos mercados.

Nesse sentido, o administrador e o gestor do fundo devem avaliar o adequado nível de divulgação de potenciais riscos ligados aos ativos, nos materiais de divulgação obrigatória do fundo, em especial no que diz respeito a ativos baseados em tecnologias inovadoras.

A título exemplificativo, essa diretriz deve ser aplicável aos fundos de investimento que exploram as possibilidades da digitalização de conteúdo criativo (os já citados NFTs).

Em conformidade com o exposto acima, os fundos de índice em particular devem aderir e preservar os princípios previstos no artigo 2º da Instrução CVM nº 359/02 ao ofertar índices de criptoativos, como sua replicabilidade, fidedignidade e representatividade.

A CVM já se manifestou sobre a possibilidade e os termos para investimento direto em criptoativos por fundos de investimento constituídos no Brasil [23]. Este Parecer de Orientação não inova o entendimento da CVM a respeito dessa matéria, que requer estudo mais aprofundado e interações específicas com o mercado para a adequada evolução do tratamento do tema pela Autarquia.

Anexo – Legislação **167**

8. Sandbox Regulatório

A CVM editou em 2020 a Instrução CVM n° 626/20, posteriormente substituída pela Resolução CVM n° 29/21, de forma a regulamentar e implementar um regime de Sandbox Regulatório. Em seu primeiro processo de admissão, a CVM recebeu 33 propostas de projetos que buscavam desenvolver modelos de negócios inovadores. A maior parte das propostas envolvia a emissão, distribuição pública, registro distribuído e negociação secundária de valores mobiliários representados digitalmente, o que, em conjunto, denominou-se "tokenização". Após a conclusão deste processo de admissão, quatro projetos foram aprovados, sendo que três deles envolvem diretamente a atividade de tokenização de valores mobiliários.

Nesse sentido, o funcionamento de criptoativos representativos de valores mobiliários já vem sendo testado pela CVM. Os projetos autorizados obtiveram autorizações temporárias para atuar, por meio de dispensas regulatórias, como entidades administradoras de mercados organizados de valores mobiliários e prestadores de serviço de escrituração de valores mobiliários, bem como foram autorizados a conduzir ofertas públicas, com dispensas de requisitos regulatórios específicos.

O Sandbox Regulatório é uma iniciativa de acolhimento de novas tecnologias e modelos de negócios inovadores. Além disso, é uma ferramenta para que a Autarquia avalie a necessidade de revisão e atualização de seu arcabouço regulatório à luz da experiência prática dos projetos aprovados.

9. Considerações Finais

A CVM continuará a se aprofundar no estudo e análise das novas tecnologias e de sua aplicação ao mercado de capitais, podendo, se vier a entender necessário, regular esse novo mercado, no limite de sua competência, inclusive à luz de sua experiência no âmbito do Sandbox Regulatório.

Em paralelo, a Autarquia está atenta ao mercado marginal de criptoativos que sejam valores mobiliários e adotará todas as medidas legais cabíveis para a prevenção e punição de eventuais violações às leis e regulamentos do mercado de valores mobiliários brasileiro, incluindo a emissão de alertas de suspensão ("Stop Orders"), instauração de processos administrativos sancionadores, bem como a comunicação, ao Ministério Público Federal ou Estadual e à Polícia Federal, acerca da existência de eventuais crimes de ação penal pública, nos termos da legislação aplicável.

A Autarquia permanece disponível para consultas de participantes de mercado.

Por fim, reitera-se que as orientações contidas neste parecer se destinam a consolidar entendimentos, mas não esgotam os debates em relação ao tema, uma vez que este está em permanente inovação e seu regime legal encontra-se atualmente em discussão.

Aprovado na Reunião do Colegiado do dia 11 de outubro de 2022.

JOÃO PEDRO BARROSO DO NASCIMENTO
Presidente da Comissão

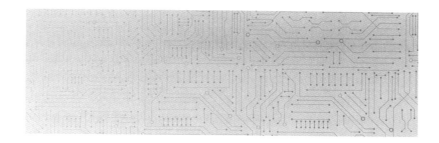

Notas

[1] Essa definição cumpre o fim de delinear o objeto deste Parecer, sem restringi-lo taxativamente. Este Parecer não se propõe a detalhar o funcionamento dos criptoativos ou outros ativos digitais e/ou dos sistemas de registro em cadeias de blocos (distributed ledger technology ou "blockchains"), o que poderia desviar o público-alvo das mensagens finalísticas deste Parecer de Orientação.

[2] No presente Parecer de Orientação, utilizaremos a designação criptoativo, embora mereçam nota as discussões terminológicas sobre o emprego de "ativos digitais" visando a uma nomenclatura neutra do ponto de vista da tecnologia.

[3] A Organização para Cooperação e Desenvolvimento Econômico (OCDE) já alertou para a urgência desse desafio, sugerindo instrumentos de orientação: "The growing application of DeFi and its increasing interconnectedness with traditional markets presents an urgent challenge for policy makers seeking to maximize DeFi's potential efficiencies for financial markets, while managing risks" e "These efforts should be supported by the promotion of soft-law instruments, such as recommendations, to raise awareness and good practices. It is crucial that we promote greater international policy collaboration and discussion to overcome these challenges, particularly at the cross-border level, and to avoid regulatory arbitrage" (OCDE, "Why Decentralised Finance (DeFi) Matters and the Policy Implications", 2022, disponível em https://www.oecd.org/daf/fin/financial_markets/Why-Decentralised-Finance-DeFi-Matters-and-the-Policy-Implications.pdf, último acesso em 26/08/2022).

[4] Nesse sentido, ver (i) sobre o enquadramento de criptoativos como valores mobiliários para fins do inciso IX, do art. 2º da Lei nº 6.385/76, conforme alterada: PAS CVM nº 19957.003406/2019-91, Dir. Rel. Gustavo Machado Gonzalez, julgado em 27/10/2020; PAS CVM nº 19957.007994/2018-51, Dir. Rel. Gustavo Machado

170 Criptoativos e *Blockchain*: Tecnologia e Regulamentação

Gonzalez, julgado em 09/06/2020, PAS CVM nº RJ2017/3090, Dir. Rel. Carlos Alberto Rebello Sobrinho, julgado em 07/05/2019 e PA nº 19957.010938/2017-13, decidido em 30/01/2018; (ii) sobre a possibilidade e condições para investimento em criptoativos por fundos de investimento brasileiros: Ofícios Circulares no 1/2018/CVM/SIN, de 12/01/2018 e nº 11/2018/CVM/SIN, de 19/09/2018; (iii) sobre as características e riscos envolvendo investimentos em criptoativos, o "Alerta CVM" disponível em https://conteudo.cvm.gov.br/menu/investidor/ alertas/ofertas_atuacoes_irregulares.html, último acesso em 03/07/2022; e (iv) propriamente sobre os criptoativos "Série de Alertas – Criptoativos", disponível em https://www.investidor.gov.br/publicacao/Alertas/listaalertas.html, último acesso em 03/07/2022.

(5) Para aprofundamento, consultar FATF, "Updated Guidance for a Risk-Based Approach – Virtual Assets and Virtual Asset Service Providers", outubro de 2021.

(6) Em linha com esse entendimento, ver (i) PAS CVM nº 19957.003406/2019-91, Dir. Rel. Gustavo Machado Gonzalez, julgado em 27/10/2020; e (ii) Deliberações CVM nº 785/2017, 821/2019, 826/2019, 828/2019, 830/2019, 831/2019, 837/2019, e 839/2019.

(7) A IOSCO define tokenização como o processo de representar digitalmente um ativo ou propriedade de um ativo. International Organization of Securities Commissions – IOSCO, IOSCO "Research Report on Financial Technologies (Fintech)", p. 51. Madrid, 2017, disponível em: https://www.iosco.org/library/pubdocs/pdf/ IOSCOPD554.pdf, último acesso em 05/07/2022.

(8) Neste sentido, ver decisão do Colegiado da CVM no âmbito do PA nº 19957.010938/2017-13, de 30/01/2018.

(9) Cf. Financial Conduct Authority, Consultation Paper 19/3, janeiro de 2019, disponível em https://www.fca.org.uk/publication/consultation/cp19-03.pdf, com último acesso em 10/09/2022.

(10) Cf. Proposal for a REGULATION OF THE EUROPEAN PARLIAMENT AND OF THE COUNCIL on Markets in Crypto-assets, and amending Directive (EU) 2019/1937, disponível em https://eur-lex.europa.eu/legal_content/EN/ TXT/?uri=CELEX:52020PC0593, último acesso em 10/09/2022.

(11) Para uma análise do conceito de stablecoin e sua relação com o conceito de valor mobiliário, cf. INTERNATIONAL ORGANIZATION OF SECURITIES COMMISSIONS – IOSCO, Global Stablecoin Initiatives. Madrid, 2020. Disponível em https://www. iosco.org/library/pubdocs/pdf/IOSCOPD650.pdf, último acesso em 10/09/2022.

(12) Neste sentido, ver PAS CVM nº 19957.003406/2019-91, Dir. Rel. Gustavo Machado Gonzalez, julgado em 27/10/2020.

(13) Cf. CVM, «Initial Coin Offerings (ICOs)", Rio de Janeiro, 16/11/2017, Disponível em: https://www.gov.br/cvm/pt-br/assuntos/noticias/initial-coin-offerings--icos-- 88b47653f11b4a78a276877f6d877c04, último acesso em 05/07/2022.

(14) Ver PA CVM nº RJ2003/0499, Dir. Rel. Luiz Antonio Sampaio Campos, julgado em 28/08/2003.

Anexo – Legislação 171

(15) Ver, nesse sentido, (i) PAS CVM nº RJ2017/3090, Dir. Rel. Carlos Alberto Rebello Sobrinho, julgado em 07/05/2019; e (ii) PAS CVM nº 19957.003406/2019-91, Dir. Rel. Gustavo Machado Gonzalez, julgado em 27/10/2020.

(16) SEC v. W.J. Howey Co., 328 U.S. 293 (1946).

(17) PA CVM nº RJ2007/11593, Dir. Rel. Marcos Barbosa Pinto, julgado em 15/01/2008.

(18) Vale notar que se discute em que medida a expectativa de valorização ou ganho de liquidez de determinado criptoativo, em decorrência de esforço do empreendedor ou de terceiros (e não de fatores externos que fogem a seu domínio), seria relevante para natureza de referido produto como valor mobiliário. A esse respeito, destacamos o entendimento estabelecido pelo Colegiado no Processo Administrativo CVM nº 19957.009524/2017-41, em que se afirma que esse tipo de expectativa pode ser relevante para caracterização de produto como contrato de investimento coletivo. Por outro lado, o debate regulatório internacional ainda está amadurecendo o tema, em especial a questão de em que medida o uso efetivo de criptomoedas e utility tokens seria relevante para sua caracterização como valor mobiliário.

(19) Em prol da objetividade e concisão, não abordaremos os três primeiros requisitos, na certeza de que o posicionamento da CVM sobre eles já é claro e não demanda especificação às peculiaridades dos criptoativos.

(20) PA CVM nº 19957.009524/2017-4, Dir. Rel. Gustavo Machado Gonzalez, julgado em 22/04/2019.

(21) O Securities Act of 1933 acabou sendo apelidado nos Estados Unidos de "the Truth in Securities Act". Neste sentido veja-se, por exemplo, (i) COHEN, Milton H., "The Truth in Securities Revisited" in Harvard Law Review, v. 79, n. 7, 1966, pp. 1340-1408; e (ii) HAZEN, Thomas Lee, The Law of Securities Regulation, Minnesota: West Academic Press, 2020, p. 19.

(22) Como enunciado por Louis Brandeis em seu editorial «What Publicity Can Do" na edição de 20 de dezembro de 1913 do periódico Harper's Weekly: "Publicity is justly commended as a remedy for social and industrial diseases. Sunlight is said to be the best of disinfectants; electric light the most efficient policeman" e "But the disclosure must be real. And it must be a disclosure to the investor. It will not suffice to require merely the filling of a statement of facts".

(23) Ofícios Circulares no 1/2018/CVM/SIN, de 12/01/2018 e 11/2018/CVM/SIN, de 19/09/2018.

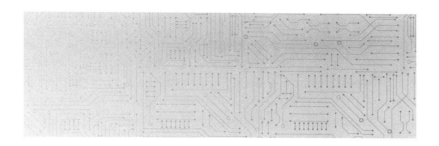

Receita Federal – INSTRUÇÃO NORMATIVA RFB Nº 1888, DE 03 DE MAIO DE 2019

O SECRETÁRIO ESPECIAL DA RECEITA FEDERAL DO BRASIL, no uso da atribuição que lhe confere o inciso III do art. 327 do Regimento Interno da Secretaria Especial da Receita Federal do Brasil, aprovado pela Portaria MF nº 430, de 9 de outubro de 2017, e tendo em vista o disposto no art. 113 da Lei nº 5.172, de 25 de outubro de 1966, no art. 16 da Lei nº 9.779, de 19 de janeiro de 1999, e no art. 57 da Medida Provisória nº 2.158-35, de 24 de agosto de 2001, resolve:

CAPÍTULO I
DISPOSIÇÕES GERAIS

Art. 1º Esta Instrução Normativa institui e disciplina a obrigatoriedade de prestação de informações relativas às opera-

174   Criptoativos e *Blockchain*: Tecnologia e Regulamentação

ções realizadas com criptoativos à Secretaria Especial da Receita Federal do Brasil (RFB).

Art. 2º As informações a que se refere o art. 1º deverão ser prestadas com a utilização do sistema Coleta Nacional, disponibilizado por meio do Centro Virtual de Atendimento (e-CAC) da RFB, em leiaute a ser definido em Ato Declaratório Executivo (ADE) da Coordenação-Geral de Programação e Estudos (Copes), a ser publicado no prazo de até 60 (sessenta) dias, contado a partir da data de publicação desta Instrução Normativa.

Parágrafo único. A Copes deverá também editar e divulgar o manual de orientação do sistema Coleta Nacional no prazo a que se refere o *caput*.

Art. 3º O conjunto de informações enviado de forma eletrônica deverá ser assinado digitalmente mediante o uso de certificado digital válido, emitido por entidade credenciada pela Infraestrutura de Chaves Públicas Brasileira (ICP-Brasil), sempre que for exigido no portal e-CAC da RFB. (Redação dada pelo(a) Instrução Normativa RFB nº 1899, de 10 de julho de 2019)

Art. 4º Para os efeitos desta Instrução Normativa e para fins de conversão de valores em Reais, o valor expresso em moeda estrangeira deve ser convertido:

I – em dólar dos Estados Unidos da América; e

II – em moeda nacional.

Parágrafo único. A conversão de que trata o *caput* será feita pela cotação do dólar dos Estados Unidos da América fixada, para venda, pelo Banco Central do Brasil (BCB) para a data da operação ou saldo, extraída do boletim de fechamento PTAX divulgado pelo BCB.

CAPÍTULO II
DAS DEFINIÇÕES

Art. 5º Para fins do disposto nesta Instrução Normativa, considera-se:

I – criptoativo: a representação digital de valor denominada em sua própria unidade de conta, cujo preço pode ser expresso em moeda soberana local ou estrangeira, transacionado eletronicamente com a utilização de criptografia e de tecnologias de registros distribuídos, que pode ser utilizado como forma de investimento, instrumento de transferência de valores ou acesso a serviços, e que não constitui moeda de curso legal; e

II – exchange de criptoativo: a pessoa jurídica, ainda que não financeira, que oferece serviços referentes a operações realizadas com criptoativos, inclusive intermediação, negociação ou custódia, e que pode aceitar quaisquer meios de pagamento, inclusive outros criptoativos.

Parágrafo único. Incluem-se no conceito de intermediação de operações realizadas com criptoativos, a disponibilização de ambientes para a realização das operações de compra e venda de criptoativo realizadas entre os próprios usuários de seus serviços.

CAPÍTULO III
DA OBRIGATORIEDADE DE PRESTAÇÃO DE INFORMAÇÕES

Art. 6º Fica obrigada à prestação das informações a que se refere o art. 1º:

I – a exchange de criptoativos domiciliada para fins tributários no Brasil;

II – a pessoa física ou jurídica residente ou domiciliada no Brasil quando:

a) as operações forem realizadas em exchange domiciliada no exterior; ou

176 Criptoativos e *Blockchain*: Tecnologia e Regulamentação

b) as operações não forem realizadas em exchange.

§ 1º No caso previsto no inciso II do *caput*, as informações deverão ser prestadas sempre que o valor mensal das operações, isolado ou conjuntamente, ultrapassar R$ 30.000,00 (trinta mil reais).

§ 2º A obrigatoriedade de prestar informações aplica-se à pessoa física ou jurídica que realizar quaisquer das operações com criptoativos relacionadas a seguir:

I – compra e venda;

II – permuta;

III – doação;

IV – transferência de criptoativo para a exchange;

V – retirada de criptoativo da exchange;

VI – cessão temporária (aluguel);

VII – dação em pagamento;

VIII – emissão; e

IX – outras operações que impliquem em transferência de criptoativos.

CAPÍTULO IV
DAS INFORMAÇÕES SOBRE OPERAÇÕES
COM CRIPTOATIVOS

Art. 7º Deverão ser informados para cada operação:

I – nos casos previstos no inciso I e na alínea "b" do inciso II do *caput* do art. 6º:

a) a data da operação;

b) o tipo da operação, conforme o § 2º do art. 6º;

c) os titulares da operação;

Anexo – Legislação 177

d) os criptoativos usados na operação;

e) a quantidade de criptoativos negociados, em unidades, até a décima casa decimal;

f) o valor da operação, em reais, excluídas as taxas de serviço cobradas para a execução da operação, quando houver;

g) o valor das taxas de serviços cobradas para a execução da operação, em reais, quando houver; e

h) (Revogado(a) pelo(a) Instrução Normativa RFB n° 1899, de 10 de julho de 2019)

II – no caso previsto na alínea "a" do inciso II do art. 6°:

a) a identificação da exchange;

b) a data da operação;

c) o tipo de operação, conforme o § 2° do art. 6°;

d) os criptoativos usados na operação;

e) a quantidade de criptoativos negociados, em unidades, até a décima casa decimal;

f) o valor da operação, em reais, excluídas as taxas de serviço cobradas para a execução da operação, quando houver;

g) o valor das taxas de serviços cobradas para a execução da operação, em reais, quando houver; e

h) (Revogado(a) pelo(a) Instrução Normativa RFB n° 1899, de 10 de julho de 2019)

§ 1° Em relação aos titulares da operação, devem constar das informações a que se refere este artigo: (Redação dada pelo(a) Instrução Normativa RFB n° 1899, de 10 de julho de 2019)

I – o nome da pessoa física ou jurídica; (Incluído(a) pelo(a) Instrução Normativa RFB n° 1899, de 10 de julho de 2019)

178 Criptoativos e *Blockchain*: Tecnologia e Regulamentação

II – o endereço; (Incluído(a) pelo(a) Instrução Normativa RFB nº 1899, de 10 de julho de 2019)

III – o domicílio fiscal; (Incluído(a) pelo(a) Instrução Normativa RFB nº 1899, de 10 de julho de 2019)

IV – o número de inscrição no Cadastro de Pessoas Físicas (CPF) ou no Cadastro Nacional da Pessoa Jurídica (CNPJ), conforme o caso, ou o Número de Identificação Fiscal (NIF) no exterior, quando houver, no caso de residentes ou domiciliados no exterior; e (Incluído(a) pelo(a) Instrução Normativa RFB nº 1899, de 10 de julho de 2019)

V – as demais informações cadastrais. (Incluído(a) pelo(a) Instrução Normativa RFB nº 1899, de 10 de julho de 2019)

§ 2º Caso os titulares das operações sejam residentes ou domiciliados no Brasil, a prestação da informação relativa ao número de inscrição no CPF ou no CNPJ, conforme o caso, é obrigatória a partir da data da entrega do primeiro conjunto de informações, prevista no § 1º do art. 8º. (Incluído(a) pelo(a) Instrução Normativa RFB nº 1899, de 10 de julho de 2019)

§ 3º Caso os titulares das operações sejam residentes ou domiciliados no exterior, a prestação das informações relativas ao país do domicílio fiscal, endereço e NIF no exterior é obrigatória a partir da entrega de informações a ser efetuada em janeiro de 2020, referentes às operações realizadas em dezembro de 2019. (Incluído(a) pelo(a) Instrução Normativa RFB nº 1899, de 10 de julho de 2019)

§ 4º A entrega das informações relativas ao endereço da wallet de remessa e de recebimento, se houver, é obrigatória apenas na hipótese de recebimento de intimação efetuada no curso de procedimento fiscal. (Incluído(a) pelo(a) Instrução Normativa RFB nº 1899, de 10 de julho de 2019)

CAPÍTULO V
DO PRAZO PARA PRESTAÇÃO DAS INFORMAÇÕES

Art. 8º As informações deverão ser transmitidas à RFB mensalmente até as 23h59min59s (vinte e três horas, cinquenta e nove minutos e cinquenta e nove segundos), horário de Brasília, do último dia útil do:

I – mês-calendário subsequente àquele em que ocorreu o conjunto de operações realizadas com criptoativos, quanto às obrigações previstas no art. 7º;

II – mês de janeiro do ano-calendário subsequente, quanto à obrigação prevista no art. 9º.

§ 1º O primeiro conjunto de informações a ser entregue em setembro de 2019 será referente às operações realizadas em agosto de 2019.

§ 2º A transmissão das informações não dispensa o declarante da obrigação de guardar os documentos e manter os sistemas de onde elas foram extraídas.

Art. 9º A exchange de criptoativos domiciliada para fins tributários no Brasil a que se refere o inciso I do *caput* do art. 6º deverá prestar também, relativamente a cada usuário de seus serviços, as seguintes informações relativas a 31 de dezembro de cada ano:

I – o saldo de moedas fiduciárias, em reais;

II – o saldo de cada espécie de criptoativos, em unidade dos respectivos criptoativos; e

III – o custo, em reais, de obtenção de cada espécie de criptoativo, declarado pelo usuário de seus serviços, se houver.

Parágrafo único. As informações de que trata este artigo deverão ser incluídas no conjunto de informações prestadas nos termos do art. 7º.

CAPÍTULO VI
DAS PENALIDADES

Art. 10. A pessoa física ou jurídica que deixar de prestar as informações a que estiver obrigada, nos termos do art. 6°, ou que prestá-las fora dos prazos fixados no art. 8°, ou que omitir informações ou prestar informações inexatas, incompletas ou incorretas, ficará sujeita às seguintes multas, conforme o caso:

I – pela prestação extemporânea:

a) R$ 500,00 (quinhentos reais) por mês ou fração de mês, se o declarante for pessoa jurídica em início de atividade, imune ou isenta, optante pelo Regime Especial Unificado de Arrecadação de Tributos e Contribuições devidos pelas Microempresas e Empresas de Pequeno Porte (Simples Nacional), instituído pela Lei Complementar n° 123, de 14 de dezembro de 2006, ou que na última declaração apresentada tenha apurado o Imposto sobre a Renda da Pessoa Jurídica (IRPJ) com base no lucro presumido;

b) R$ 1.500,00 (mil e quinhentos reais) por mês ou fração de mês, se o declarante for pessoa jurídica não incluída na alínea "a"; ou

c) R$ 100,00 (cem reais) por mês ou fração, se pessoa física;

II – pela prestação com informações inexatas, incompletas ou incorretas ou com omissão de informação:

a) 3% (três por cento) do valor da operação a que se refere a informação omitida, inexata, incorreta ou incompleta, não inferior a R$ 100,00 (cem reais), se o declarante for pessoa jurídica; ou

b) 1,5% (um inteiro e cinco décimos por cento) do valor da operação a que se refere a informação omitida, inexata, incorreta ou incompleta, se o declarante for pessoa física; e

III – pelo não cumprimento à intimação da RFB para cumprir obrigação acessória ou para prestar esclarecimentos nos prazos estipulados pela autoridade fiscal, o valor de R$ 500,00 (quinhentos reais) por mês-calendário;

§ 1º A multa prevista na alínea "a" do inciso II do *caput* será reduzida em 70% (setenta por cento) se o declarante for pessoa jurídica optante pelo Simples Nacional.

§ 2º A multa prevista na alínea "b" do inciso I do *caput* será aplicada também, em caso de apresentação das informações fora do prazo previsto no art. 8º, à pessoa jurídica que na última declaração tenha utilizado mais de uma forma de apuração do lucro ou tenha realizado operação de reorganização societária.

§ 3º A multa prevista no inciso I do *caput* será reduzida à metade nos casos em que a obrigação acessória for cumprida antes de qualquer procedimento de ofício.

Art. 11. Sem prejuízo da aplicação da multa prevista no inciso II do *caput* do art. 10, poderá ser formalizada comunicação ao Ministério Público Federal, quando houver indícios da ocorrência dos crimes previstos no art. 1º da Lei nº 9.613, de 3 de março de 1998.

CAPÍTULO VII
DA RETIFICAÇÃO DAS INFORMAÇÕES

Art. 12. Caso a pessoa física ou jurídica constate que as informações prestadas contêm erros, inexatidões ou omissões, poderá corrigi-los ou supri-las, conforme o caso, mediante apresentação de retificação, observado o disposto nos arts. 2º e 3º.

Parágrafo único. Não incidirá multa relativamente aos erros, inexatidões e omissões a que se refere o *caput*, desde que sejam corrigidos ou supridas antes de iniciado qualquer procedimento de ofício.

182 Criptoativos e *Blockchain*: Tecnologia e Regulamentação

CAPÍTULO VIII
DISPOSIÇÕES FINAIS

Art. 13. Esta Instrução Normativa entra em vigor na data de sua publicação no Diário Oficial da União e produz efeitos a partir de 1º de agosto de 2019.

Marcos Cintra Cavalcanti de Albuquerque